W0200004

Umschlaggestaltung:
Werbeagentur Rypka GmbH, A-8143 Dobl/Graz, Unterberg 58-60, www.rypka.at
Titelbilder: Martha Höfler (2. v. li.), Günter Hauer, Graz
Bildnachweis: Günter Hauer, Graz: S. 4, 6, 7, 8, 12, 13, 14, 15, 17, 18, 19, 20 links, 21, 23, 25, 26, 27, 31, 33, 34, 35, 37, 38 unten, 39, 42, 43, 44, 45, 46, 48 oben, 49, 50 oben, 51, 53, 54 oben, 57, 60 oben, 61, 63, 65 oben, 66 links, 69, 70, 71, 77, 78, 79, 80 unten, 83, 85, 86 unten, 87, 89, 91, 93 oben, 94 oben, 95 oben, 96, 98 links, 100 oben, 101 oben, 104 rechts, 105 oben, 107, 108, 109, 114 oben, 115 oben, 116 unten, 117 unten, 119, 121, 123, 125, 126, 127, 128 Mitte. Das Nadelkissen stammt von www.sxc.hu. Alle anderen Fotos und Grafiken stammen von der Autorin.

Bibliographische Information der Deutschen Nationalbibliothek
Die Deutsche Nationalbibliothek verzeichnet diese Publikation in der Deutschen Nationalbibliographie; detaillierte bibliographische Daten sind im Internet über http://dnb.d-nb.de abrufbar.

Hinweis:
Dieses Buch wurde auf chlorfrei gebleichtem Papier gedruckt. Die zum Schutz vor Verschmutzung verwendete Einschweißfolie ist aus Polyethylen chlor- und schwefelfrei hergestellt. Diese umweltfreundliche Folie verhält sich grundwasserneutral, ist voll recyclingfähig und verbrennt in Müllverbrennungsanlagen völlig ungiftig.

Auf Wunsch senden wir Ihnen gerne kostenlos unser Verlagsverzeichnis zu:
Leopold Stocker Verlag GmbH
Hofgasse 5 / Postfach 438
A-8011 Graz
Tel.: +43 (0)316/82 16 36
Fax: +43 (0)316/83 56 12
E-Mail: stocker-verlag@stocker-verlag.com
www.stocker-verlag.com

ISBN 978-3-7020-1372-1
Alle Rechte der Verbreitung, auch durch Film, Funk und Fernsehen, fotomechanische Wiedergabe, Tonträger jeder Art, auszugsweisen Nachdruck oder Einspeicherung und Rückgewinnung in Datenverarbeitungsanlagen aller Art, sind vorbehalten.

© Copyright by Leopold Stocker Verlag, Graz 2012

Layout und Repro: Werbeagentur Rypka GmbH, A-8143 Dobl/Graz, Unterberg 58-60, www.rypka.at

Gesamtherstellung: Druckerei Theiss GmbH., A-9431 St. Stefan

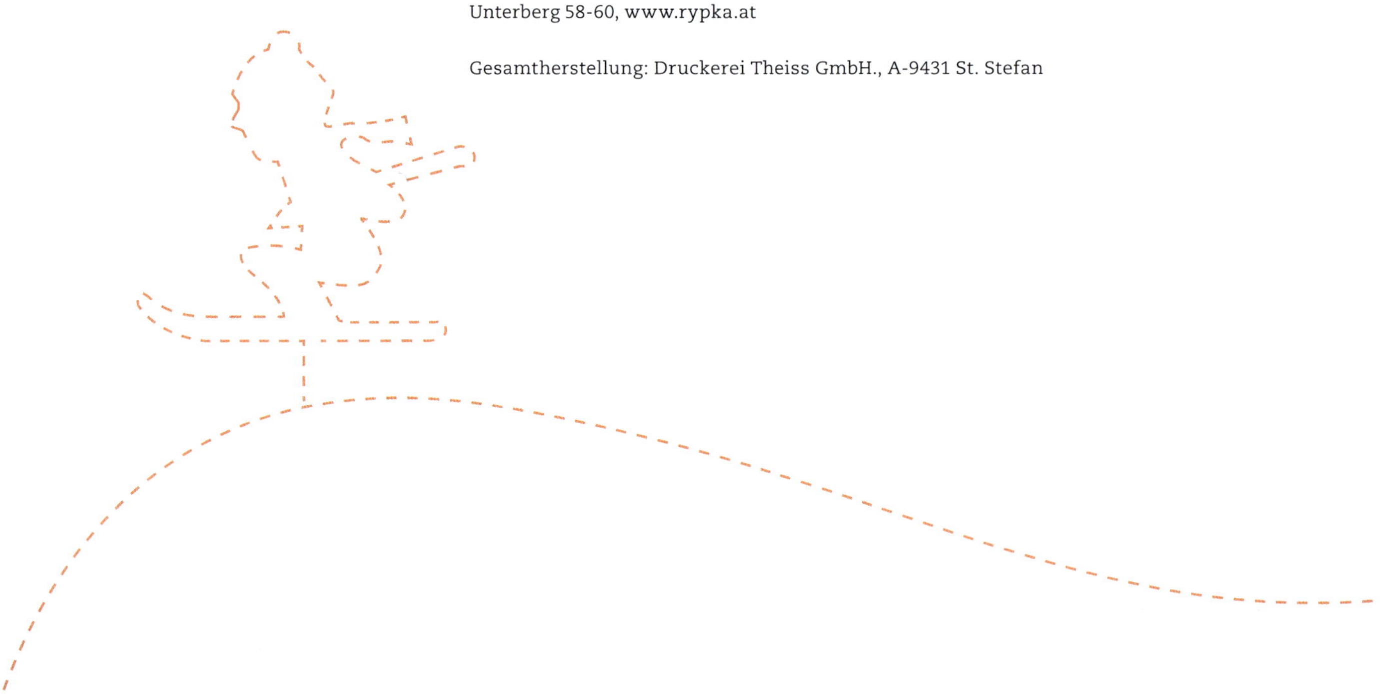

Martha Höfler

Alpenländische Winterzeit

66 Näh- und Bastelideen

Leopold Stocker Verlag
Graz – Stuttgart

Liebe Leserinnen und Leser!

Die Adventzeit wird immer weniger als Zeit der Besinnlichkeit verstanden. Seit den 1950er-Jahren schreitet die Kommerzialisierung voran und die Vorweihnachtszeit beginnt für die Händler bereits Mitte Oktober. Dass die Vorweihnachtszeit auch ausgiebig und traditionell begangen werden kann, möchte ich in diesem Buch anschaulich aufzeigen. Neben Erklärungen zu den Bedeutungen der (vor-)weihnachtlichen Bräuche samt Ideen zur Umsetzung biete ich eine Vielzahl von Näh- und Bastelvorschlägen rund um das Weihnachtsfest. Sie, liebe Leserinnen und Leser, können sich mit traditionellen, aber auch modernen Dekorationen auf die Feiertage einstimmen und ersparen sich vielleicht auch das eine oder andere kommerzielle Geschenk für Ihre Liebsten. „Schenken macht Freude“; dieser Spruch erhält durch dieses Buch wieder ein wenig seiner ursprünglichen Bedeutung zurück. In diesem Sinne wünsche ich Ihnen viel Spaß mit der „Alpenländischen Winterzeit“.

Ihre Martha Höfler

Inhalt

Einleitung 4
Allgemeines 6
Verarbeitung und Nähbegriffe 8
Stickarten und Nähstiche 10

Kapitel 1 – Advent 12

Schilfgesteck mit Schnee-Engel 14
Rehlein 16
Holzbäumchen 16
Handschuhe „Schöne Winterzeit“ 18
Winterfeste Topfummantelung 19
Schneemann auf Birkenbesen 20
Barockengel Türaufhänger 22
Winter-Bild 24
Wandbehang aus Jute 26
Hängeornamente für Adventkranz 28
Adventkalender Frosti 30
Platzsparender Adventkalender 32
Adventkalender mit Säckchen 34
Kantenhocker Vogel 36
Apfelkerze 38
Fensterbäumchen 39
Vogelgirlande 40
Schneesterne 41

Kapitel 2 – Heilige Barbara 42

Vasenummantelung mit
Schneesternapplikation 44
Zweighalter Schneemann 46
Schneebälle mit Initialen 48
Vasenummantelung 3-er-Serie 49

Kapitel 3 – Nikolaus & Krampus 50

Nikolostiefel 52
Nüssesack 54
Rute mit Herzanhänger 55
Krampussack 56
Nikolosack 58
Geschenkanhänger Lebkuchenherz 60
Kinderkrampus aus Marzipan 61

Kapitel 4 – Backstube 62

Aufhänger „Backstube“ 64
Kochmütze, größenverstellbar 66
Kochschürze 68
Keksausstechersack 70
Lebkuchen-Geschenktäschchen 72
Maronitüte 74
Weihnachtsplaner 76

Kapitel 5 – Adventbesinnung 78

Punsch- und Teehäferlwärmer 80
Sterngirlande für ein Kerzenglas 81
Fotorahmen 82
Tee- oder Keksdose 84

Kapitel 6 – Weihnachtsgrüße & Verpackungen 86

Verpackung für ein Buch 88
Geschenksdose Bäumchen 90
Schnelle Verpackungen
für kleine Geschenke 92
Billet – Stoff mit Weihnachtsdruck 93
Billet „Reh“ 94
Geldgeschenkkuvert 95
Geschenkanhänger Eisbär 96
Schutzengel für das Auto 98
Billet „Bäumchen“ 100
Billet „Eisbär“ 101
Geschenkanhänger Pinguin 102
Weihnachtsgruß –
Holzstern mit Papierrolle 104
Filztasche 105

Kapitel 7 – Christbaumschmuck & Heiliger Abend 106

Büttenpapierrolle 108
Etui für Büttenpapierrolle 109
Herzen, Bäumchen, Sterne 110
und Deltoide
Engel 112
Baumsäckchen für Süßigkeiten 114
Krippenkind 115
Stern aus Holz 116
Reh aus Holz 117

Kapitel 8 – Silvester 118

Sektflasche & Glückskekse
dekorativ verpackt 120
Schlüsselanhänger Herz und Kleeblatt 122
Kalender mit Posttasche 124
Baumwollsäckchen für Mineralsteine 126

Allgemeines

Zubehör

* Seidenpapier und Bleistift oder Overheadfolie und Folienstift zum Kopieren der Schnittvorlage
* Papierschere
* Stoffschere
* Zick-Zack-Schere
* Stecknadeln
* Markierstift
* Lineal und Geo-Dreieck
* Maßband
* Heftgarn
* Kleine Schere
* Nähnadel
* Nähmaschine
* Bügelmaschine

Eine stimmungsvolle Vasenummantelung für Ihre Barbarazweige (Seite 49)

Stoff

Es ist ratsam, Baumwollstoffe und Leinen vor dem Zuschneiden zu waschen, da diese erfahrungsgemäß einlaufen.

Größtenteils habe ich für die Werkstücke Baumwollstoff sowie Fleece und Filz verwendet. Bei einer Abweichung wird dies dezidiert in der Materialliste des jeweiligen Werkstückes festgehalten.

Beim Kauf des Stoffes berücksichtigen Sie bitte, dass durch die Musterführung eventuell ein etwas größeres Stück Stoff benötigt wird.

Filz

Filz ist in unterschiedlichen Stärken erhältlich. Ich habe entweder die Meterware mit 2 mm Stärke, 3 mm Stärke oder die Filzplatten mit der Stärke von 4 mm verwendet. Wenn bei den Werkstücken Filzreste angeführt sind, so handelt es sich hierbei immer um den 2 mm starken Filz. Filz wird nicht versäubert und benötigt zumeist auch keine Nahtzugabe. Wenn das doch der Fall ist, so ist dies beim jeweiligen Werkstück vermerkt.

Klebevlies

Das Klebevlies wird vorwiegend zur Übertragung einer Stickvorlage oder zur Verstärkung des Stoffes verwendet und wird bei Bedarf in der Materialliste bekanntgegeben. Die Stickvorlage wird immer auf die Glanzseite des Klebevlieses gezeichnet und mit der Glanzseite auf die linke Stoffseite aufgebügelt. So wird das Motiv immer richtig übertragen.

Zur Verstärkung eines Stoffteiles wird das Klebevlies auf die linke Stoffseite aufgebügelt und das Motiv danach ausgeschnitten.

Eine ländliche Weihnachtsidylle erfreut Kinder und Erwachsene.

Schneesterne zum Aufkleben (Seite 41)

Verarbeitung

Kopieren Sie die Schnittvorlage, indem Sie das Seidenpapier oder die Folie auf das Schnittmuster legen und mit Bleistift oder Folienstift nachzeichnen. Bei den Schnittvorlagen ist größtenteils die Nahtzugabe noch einzuzeichnen. Dies wird in der Materialliste dezidiert bekanntgegeben. Bei den Stoffangaben ist immer 1 cm Nahtzugabe enthalten. Legen Sie das Schnittmuster nach dem Fadenverlauf auf den Stoff.

Wo keine Schnittvorlage vorhanden ist, zeichnen Sie die angegebenen Abmessungen der Länge und Breite nach auf den Stoff auf. Zum Zuschneiden der Stoffteile benötigen Sie eine feste Unterlage. Wenn Sie alle Stoffteile für Ihr ausgewähltes Werkstück vor sich liegen haben, beginnen Sie mit den Arbeitsschritten. Am Anfang und am Ende einer Naht machen Sie immer einen Rückstich, damit diese auch wirklich hält.

Wendeöffnung

Eine Wendeöffnung ist ein kleines Stück Naht, das Sie mit zwei Stecknadeln markieren und offen bleibt, damit das Werkstück nach dem Zusammennähen gewendet werden kann.

Nähbegriffe

RECHTE SEITE DES STOFFES:
Dabei ist die Vorderseite des Stoffes gemeint, wo das Muster erkennbar ist.

LINKE SEITE DES STOFFES:
Dabei ist die Rückseite des Stoffes gemeint.

DER LÄNGE NACH HALBIEREN:
Bedeutet, dass das Längenmaß gleich bleibt und das Breitenmaß auf die Hälfte reduziert wird.

DER BREITE NACH HALBIEREN:
Bedeutet, dass das Breitenmaß gleich bleibt und das Längenmaß auf die Hälfte reduziert wird.

Besondere Grußkarten für Ihre Lieben (Seite 86–105)

Schwierigkeitsgrad

Zu jedem Werkstück ist ein Schwierigkeitsgrad von 1 bis 3 angegeben, wobei 1 für die einfache, 2 für die mittlere und 3 für die schwierige Herstellung steht. Sollten Sie noch kaum Erfahrung mit dem Nähen haben, empfehle ich Ihnen, mit Werkstücken der Schwierigkeitsstufe 1 zu beginnen, um ein Gefühl für Näharbeiten zu entwickeln.

Die Schwierigkeitsstufe 2 enthält Arbeitsschritte, die schon etwas mehr Genauigkeit erfordern.

Die Schwierigkeitsstufe 3 betrifft Werkstücke, die schon etwas Nähpraxis und Geschicklichkeit voraussetzen, die Sie jedoch ohnehin durch die Erstellung von Werkstücken des Schwierigkeitsgrades 1 und 2 erhalten.

Pompon

Zur Herstellung von Pompons gibt es spezielle Schablonen in Nähzubehörgeschäften zu kaufen.

Draht in eine Spirale wickeln

Hierzu nehmen Sie einen Stift oder einen Holzstab mit einem Durchmesser von ca. 0,5 cm und wickeln den Draht mehrfach darum herum.

Französische Naht

Die französische Naht sieht sauber aus, da Sie die Nahtzugabe einschließt. Wenn diese zur Anwendung kommt, wird Sie in den Arbeitsschritten genau erklärt. Hierbei wird der Stoff links auf links gefaltet und auf der schönen Außenseite zusammengenäht. Danach wird der Stoff rechts auf rechts gewendet und abermals zusammengenäht, wobei die Nahtzugabe eingeschlossen wird.

Heftnaht

Diese findet bei den Engelkleidern sowie beim Kantenhockervogel am Halsausschnitt zum Einkräuseln des Stoffes Verwendung. Sie wird mit Stickgarn und Vorstich 1 cm vom Rand entfernt genäht. Die Enden werden nach dem Einziehen zu einer Masche gebunden.

Applikation

Einfache Motive werden in diesem Buch entweder mit der Nähmaschine mit Zickzackstich oder von Hand mit Schlingenstich, einem einfachen kanteneinfassenden Nähstich oder mit Vorstich aufgenäht.

Bei Vierecken wird die Nahtzugabe rundum auf links gebügelt und der Stoffteil kantig mit der Maschine oder mit Vorstich von Hand aufgenäht.

Bei Rundungen wird ein zweiter Stoffteil in der gleichen Form zugeschnitten. Diese werden rechts auf rechts mit Stichstärke 1 zusammengenäht. Die Nahtzugabe wird bis auf 3 mm weggeschnitten und in den Ecken und Rundungen in gleichmäßigen Abständen mit der Schere eingeschnitten. Anschließend wird der rückseitige Stoffteil ca. 2 cm lang mit der Schere aufgeschnitten und die Applikation gewendet. Mit einem Holzstäbchen wird die innen liegende Naht nach außen geschoben, wodurch die Applikation ihre Form erhält. Nach dem Bügeln wird die fertige Applikation dann mit Vorstich von Hand aufgenäht.

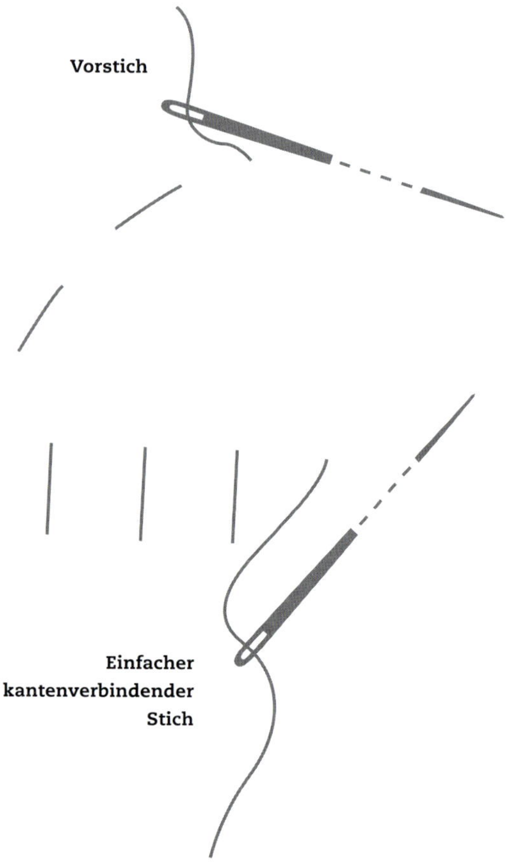

Stickarten und Nähstiche von Hand, die zur Anwendung kommen:

Vorstich

Der Vorstich wird in diesem Buch als Ziernaht und zum Aufnähen von Applikationen angewendet. Genäht wird in kleinen gleichmäßigen Stichen mit buntem Stickgarn ca. 0,5 cm vom Rand entfernt. Verknoten Sie das Ende des Fadens und stechen Sie von unten nach oben. Führen Sie die Nadel parallel nach 0,5 cm wieder nach unten und nach ebenfalls 0,5 cm wieder herauf.

Einfacher kantenverbindender Stich

Diesen Stich verwende ich zum Aufnähen von Fleece und Filzteilen mit bunter Nähseide oder Stickgarn, um einen Kontrast zum Hintergrundstoff herzustellen. Fädeln Sie den Faden in die Nadel, verknoten Sie das Ende und beginnen Sie mit dem ersten Stich von unten nach oben. Führen Sie die Nadel auf der Vorderseite 0,5 cm senkrecht unter dem Einstich nach hinten und parallel zum ersten Einstich 0, 5 cm entfernt wieder herauf. Die Stiche verlaufen auf der Vorderseite senkrecht, auf der Unterseite schräg.

Kreuze sticken

Dieser Stich wird im Kapitel „Backstube“, S. 62 ff., als Zierstich angewendet. Der Stich wird immer im Abstand von 1 cm Länge ausgeführt. Dazu wird das Ende des Fadens verknotet und die Nadel von der Stoffunterkante nach oben geführt. Stechen Sie auf der Vorderseite schräg oben ein (Schritt 1) und führen Sie die Nadel an der Unterseite parallel zum ersten Einstichloch zurück (Schritt 2). Nun stechen Sie wieder an der Vorderseite schräg nach unten parallel zum zweiten Einstichloch (Schritt 3) und führen die Nadel an der Unterseite entlang nach oben (Schritt 4). Beginnen Sie nun wieder mit dem ersten Arbeitsschritt.

Kreuze sticken

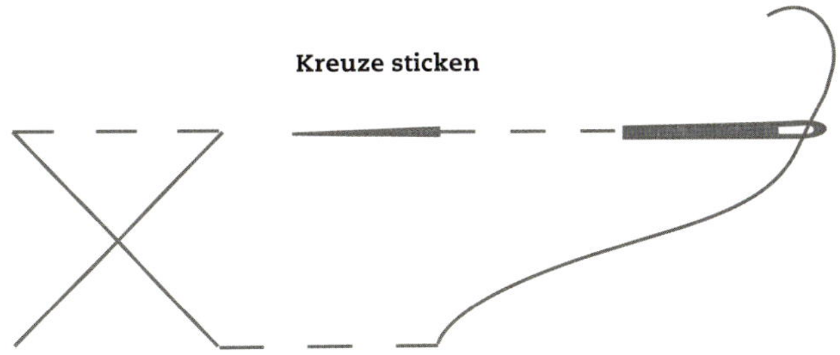

Schlingenstich

Der Schlingenstich fasst die Kanten exakt ein und ist deshalb auch für ausfransende Stoffe geeignet. Ich verwende diesen Stich, um Konturen besser hervorzuheben. Hierzu wird das Ende des Fadens verknotet und die Nadel von oben nach unten geführt. Stechen Sie nun schräg 0,5 cm rechts oben mit der Nadel ein und führen Sie diese parallel zum ersten Einstich vor dem Faden wieder heraus.

Schlingenstich

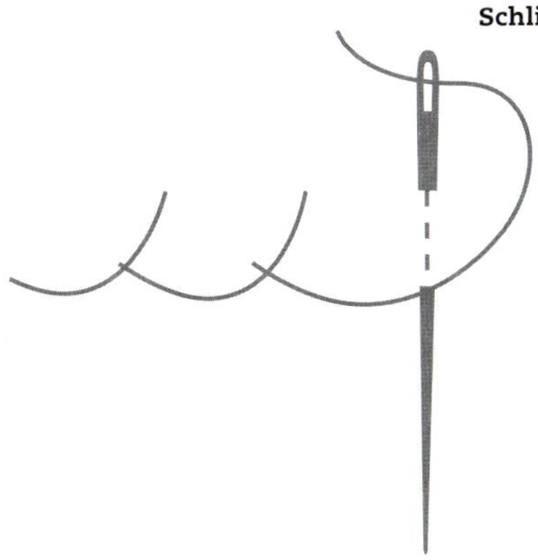

Farnstich

Der Farnstich ist ein Zierstich. Hierbei werden drei gleich lange Stiche aus dem ersten Einstichloch ausgeführt. Verknoten Sie das Ende des Fadens und führen Sie die Nadel von unten nach oben. Stechen Sie mit der Nadel 0,5 cm senkrecht vom Einstichloch nach unten und beim ersten Einstichloch wieder herauf. Stechen Sie nun schräg links ein und führen Sie die Nadel wieder beim ersten Einstichloch heraus. Stechen Sie schräg rechts ein und führen Sie die Nadel wiederum durch das erste Einstichloch heraus.

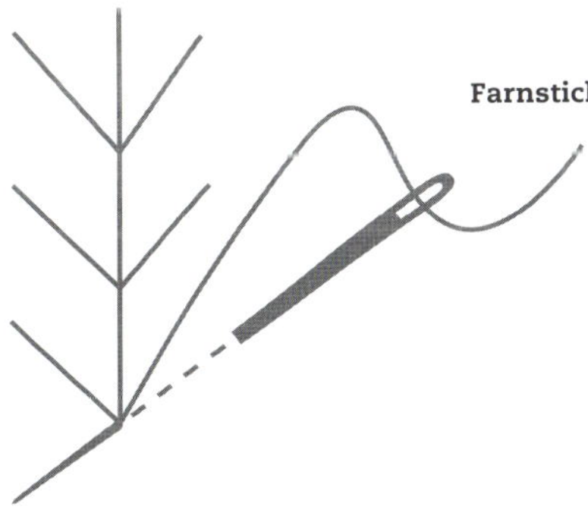

Farnstich

Stickstich – Rückstich

Den Rückstich verwende ich zum Sticken von Schriftzügen und Motiven. Sticken Sie in einer Stichlänge von ca. 0,5 cm. Um Rundungen gut zur Geltung zu bringen, reduzieren Sie die Stichlänge auf ca. 0,2 cm. Im Grunde wird auf der linken Seite immer nach vorne entlang des Schriftzuges eingestochen und die Nadel auf der rechten Seite einen Stich zurückversetzt beim letzten Einstichloch herausgeführt. Nur am Beginn wird ein abweichender Nähstich gemacht.

Verknoten Sie das Ende des Fadens und führen Sie die Nadel von unten nach oben. Stechen Sie die Nadel entlang der vorgegebenen Linie nach unten und entlang der vorgegebenen Linie wieder nach oben. Führen Sie von nun die Nadel auf der Oberseite zurück und stechen Sie beim vorangegangenen Einstichloch nach unten.

Stickstich – Rückstich * erster Stich

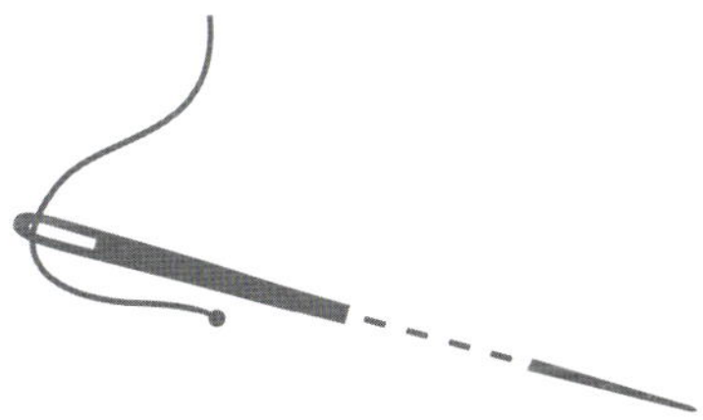

Stickstich – Rückstich * alle weiteren Stiche

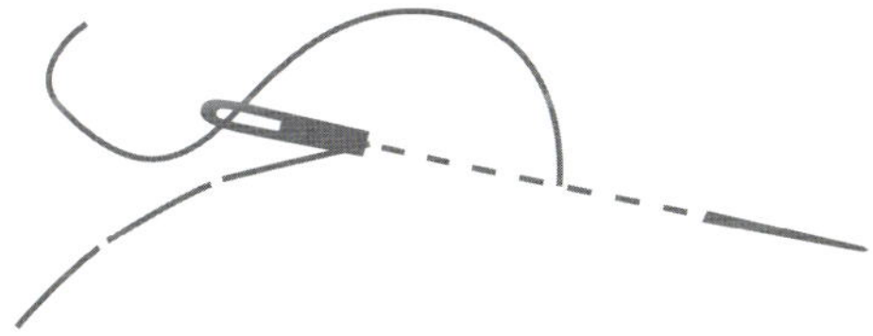

Advent

Kapitel 1

Der Advent beginnt am ersten Adventsonntag und dauert bis zum Heiligen Abend. Es ist die Zeit der Besinnung und der Einkehr, die Vorbereitung auf die Ankunft des Christuskindes. In früheren Zeiten stand der religiöse Anlass im Vordergrund und es wurde wenig Aufwand in diesen Wochen betrieben. Heute beginnt die Weihnachtszeit, bedingt durch die Werbung und die Eröffnung der Christkindlmärkte, bereits Mitte November. Die Vorfreude auf das bevorstehende Weihnachtsfest lässt unsere Herzen höher schlagen. Dementsprechend aufwändig dekorieren wir mittlerweile unsere Wohnräume und Eingangsbereiche. In diesem Kapitel stelle ich Ihnen moderne und doch traditionell österreichische Dekorationsgegenstände für innen und außen vor. Außerdem habe ich drei Adventkalender kreiert, die nicht nur die Wartezeit der Kinder auf das Christkind erträglicher machen, sondern auch sehr dekorativ sind und sich gut in die Wohnräume einfügen.

Mein Tipp

* Für den Fall, dass zwei oder mehr Kinder in der Familie sind, habe ich mir einen platzsparenden Adventkalender (siehe Seite 32) einfallen lassen. Dieser ist rasch angefertigt und es lassen sich mehrere auf einem Drahtbügel nebeneinander aufgereiht anbringen.
* Stecken Sie noch immer Süßigkeiten in die Taschen und Säckchen der Adventkalender? Möchten Sie es in diesem Jahr für Ihre Lieben richtig spannend machen? Nachfolgend einige Anregungen:
* Füllen Sie die Säckchen mit Gutscheinen, wie zum Beispiel für einen Kinobesuch, einen Spieleabend, einen Christkindlmarktbesuch, einen Bastelabend, eine Rodelpartie, eine Pferdekutschenfahrt, einmal die Schultasche packen, eine ungesunde Jause im Schulbuffet, für Pizzaessen, für tägliche Arbeiten etc.
* Gutscheine benötigen wenig Platz und sind sehr beliebt, da hier der persönliche Einsatz im Vordergrund steht.
* Hat Ihr Kind eine Sammelleidenschaft, wie etwa Mineralien, Glasmurmeln etc.? Füllen Sie die Täschchen mit diesen Gegenständen und lockern Sie die kleinen Geschenke zwischendurch mit einigen Gutscheinen auf, damit das Geldbörserl nicht zu sehr beansprucht wird.

Geschenkidee

Eine kleine lebende Tanne mit einer winterfesten Topfummantelung ist ein außergewöhnliches Mitbringsel und bereitet noch viele Jahre Freude.

Die weihnachtliche Fensterdekoration verschönert in der Adventzeit Ihr Heim (Seite 36–41).

Schilfgesteck mit Schnee-Engel

Engelgröße: 28 cm * Schwierigkeitsgrad: 3 * Schnittvorlage siehe Bogen I u. VI

Material

* 1 Schilf- oder Weidenrutenbund
* Stoffreste, beige (Körper)
* Stoffreste, weiß (Sterne)
* Füllwatte
* Filz, weiß und braun, Stärke: 2 mm
* Jute + 1 Dekoherz
* Stickgarn, weiß und braun
* 1 Bund Stickgarn, gelb (Haare)
* Buntstift, orange und braun
* 1 Wattestäbchen
* 1 kleines Messer
* 2 Perlen, schwarz (Augen)
* Basteldraht, Länge: 30 cm
* Nähseide, farblich passend
* Klebstoff
* Sticknadel

Zuschnitt

2 Stoffteile, beige, nach Schnittvorlage (Körper)

2 Stoffteile, weiß, nach Schnittvorlage (kleiner Stern)

2 Stoffteile, weiß, nach Schnittvorlage (mittlerer Stern)

2 Stoffteile, weiß, nach Schnittvorlage (großer Stern)

2 Filzteile, braun, nach Schnittvorlage (Ärmel für das Kleid)

2 Filzteile, weiß, nach Schnittvorlage (Kleid)

1 Filzteil, braun, nach Schnittvorlage (Tasche)

1 Juteteil, 3 x 3 cm (Deko für Tasche)

2 Filzteile, weiß, nach Schnittvorlage (Flügel)

1 Filzteil, weiß, Länge: 15 cm, Breite: 7 cm (Mütze)

1 Filzband, braun, Länge: ca. 30 cm (Masche)

Arbeitsschritte

Legen Sie den Stoff rechts auf rechts, übertragen Sie die Schnittvorlage für den Körper und die Sterne und schneiden Sie diese mit Nahtzugabe und alle anderen Teile gemäß der Schnittvorlage und der Angabe ohne Nahtzugabe zu.

Körper vorbereiten: Legen Sie die beiden Stoffteile für den Körper rechts auf rechts, markieren Sie am Oberkopf eine Wendeöffnung und nähen Sie den Körper rundum mit Stichgröße 1 zusammen. Schneiden Sie die Nahtzugabe bis auf 3 mm weg und zwicken Sie diese an den Ecken und Rundungen mit der Schere ein. Wenden Sie den Körper, füllen Sie diesen mit Füllwatte und schließen Sie die Öffnung von Hand.

Kleidchen: Halbieren Sie die Ärmel und nähen Sie die Seiten kantig zusammen. Nähen Sie diese mit der Dreiecksspitze von Hand mit kleinen Stichen an der Schulter fest. Nähen Sie mit weißem Stickgarn die Tasche auf den Vorderteil des Kleidchens mittig mit Vorstich auf. Kleben Sie darauf den Juteteil und das Dekoherz auf. Fädeln Sie braunes Stickgarn in die Nadel, fixieren Sie den Vorder- und Rückenteil des Kleidchens mit Stecknadeln auf dem Körper und nähen Sie das Kleidchen 5 mm von der Außenkante hineingerückt mit Vorstich an den Seiten und Schultern zusammen. An der Unterkante, dem Hals- und den Armausschnitten wird eine dekorative Vorstichnaht weitergeführt. Binden Sie das Filzband für die Masche um den Hals.

Flügel: Legen Sie die zwei Filzteile für die Flügel aufeinander und nähen Sie diese mit braunem Stickgarn, 5 mm von der Außenkante entfernt, rundum mit Vorstich zusammen. Befestigen Sie diese auf dem Rücken von Hand.

Mütze: Halbieren Sie den weißen Filzstreifen für die Mütze der Breite nach (ergibt ein Maß von 7,5 x 7 cm) und steppen Sie die Seiten füßchenbreit zusammen. Wenden Sie das Mützchen, klappen Sie 1 cm als Krempe nach außen und setzen Sie die Mütze auf den Kopf. Für den Pompon binden Sie die Mütze 2 cm unterhalb der Oberkante mit weißer Nähseide zusammen und schneiden Sie den überstehenden Teil gleichmäßig mit der Schere in Fransen.

Fertigstellung Engel: Wickeln Sie den ganzen Bund Stickgarn für die Haare in eine ca. 16 cm lange Schlaufe, binden Sie diese einmal in der Mitte zusammen und schneiden Sie sie gegenüberliegend mit der Schere auf. Nähen Sie diesen Bund am Oberkopf fest und verteilen Sie die Strähnen gleichmäßig an den Seiten und am Hinterkopf. Nähen Sie die zwei schwarzen Perlen als Augen fest. Schaben Sie mit einem Messer etwas Farbe von den beiden Buntstiften und tupfen Sie sie mit dem Wattestäbchen als Wangen in das Gesicht.

Sterne: Legen Sie die Stoffteile rechts auf rechts, markieren Sie eine Wendeöffnung und nähen Sie die Stoffteile rundum zusammen. Schneiden Sie die Nahtzugabe bis auf 3 mm weg, zwicken Sie diese an den Ecken mit der Schere ein und wenden Sie die Werkstücke. Füllen Sie die Sterne mit Füllwatte und schließen Sie die Öffnung von Hand. Dabei nähen Sie eine kleine Schlaufe aus Nähseide zum Aufhängen mit ein.

Fertigstellung: Wickeln Sie die Drahtenden um einen Stift in eine Spirale und binden Sie diesen um den Schilfbund. Befestigen Sie den Schneeengel an der Rückseite auf dem Draht von Hand. Hängen Sie die Sterne auf die beiden Drahtenden und direkt unterhalb auf den Schilfbund.

Der Schnee-Engel, auf einem Schilfbund angebracht, vermittelt eine liebliche Weihnachtsstimmung in Ihrem Eingangsbereich.

Rehlein

Höhe: 38 cm ✱ Schwierigkeitsgrad: 1 ✱ Schnittvorlage siehe Bogen I

Material

- Sperrholz, Stärke: 8 mm, Länge: 40 cm, Breite: 30 cm (Reh)
- Sperrholz, Stärke: 8 mm, 30 x 30 cm (Bodenplatte)
- Wasserfarbe, braun
- Pinsel ✱ Becher mit Wasser
- Holzmalstift, weiß und schwarz
- 1 Schelle, silber
- 1 Band, rot-kariert, Länge: 25 cm
- Laubsäge mit Sägeblättern für Holz
- Schleifpapier mit Körnung von 80
- evtl. Klarlack oder Klarlackspray (bei Verwendung als Außendekoration)
- 2 Bastelnägel ✱ Hammer

Arbeitsschritte

Übertragen Sie die Vorlage (auch die Tupfen am Rücken und das Auge) auf das Sperrholz mit der Abmessung von 40 x 30 cm. Sägen Sie das Reh nach der Schnittvorlage und die Bodenplatte gemäß der Angabe mit der Laubsäge aus. Runden Sie alle Flächen mit Schleifpapier ab. Bemalen Sie das Reh und die Bodenplatte vollständig mit brauner Wasserfarbe. Nach dem Trocknen malen Sie mit den Holzmalstiften die Tupfen auf den Rücken und das Auge auf.

Fürs Aufstellen im Freien ist es wichtig, das Reh und die Bodenplatte mit Außenlack zu besprühen oder zu bemalen.

Legen Sie dem Reh das karierte Band um den Hals und ziehen Sie beide Enden durch die Schelle. Befestigen Sie das Reh an der Bodenplatte durch Einschlagen der Bastelnägel von der Unterseite.

Fürs Aufstellen auf überdachten Plätzen oder in geschützten Räumen kann das Reh naturbelassen bleiben.

Holzbäumchen

Höhe: ca. 60 cm ✱ Schwierigkeitsgrad: 1

Material

- 3 Aststücke, Länge: 60 cm, d = ca. 1,5 cm – 2 cm
- 6 Aststücke, Länge: 15 cm, d = ca. 1,5 cm – 2 cm
- Zweige
- Klebepistole
- Seitenschneider oder Gartenschere
- Blumendraht
- Acrylfarbe, weiß
- Pinsel
- 2 Bastelnägel
- Hammer

Arbeitsschritte

Für den Baumstamm legen Sie die drei Hauptäste zu einem Bund zusammen und umwickeln Sie diesen mit Blumendraht. Kleben Sie mit Heißwachs je zwei Stücke von den 15 cm langen Aststücken seitlich zusammen.

Der nächste Schritt ist etwas heikel, da hier zugewartet werden muss, bis der Klebstoff auch hält. Stellen Sie den Stamm vor sich auf. Die zusammengeklebten 15 cm langen Aststücke werden nun in einem Dreieck unten um den Stamm geklebt und zwar so, dass jeweils ein Ende auf dem anderen aufliegt. Nehmen Sie hier so viel Heißwachs, bis der Stamm wirklich sicher steht.

Kürzen Sie die Zweige mit der Gartenschere auf eine Länge von ca. 20 cm ein und kleben Sie diese von unten beginnend rund um den Stamm mit Heißwachs fest.

Tauchen Sie den Pinsel in weiße Acrylfarbe und bestreichen Sie einige Äste damit. Wenn die Farbe trocken ist, fixieren Sie das Bäumchen auf der Bodenplatte, indem Sie die zwei Bastelnägel im rechten hinteren Teil der Bodenplatte von der Unterseite in den Stamm einschlagen.

Sie können das Bäumchen auch mit Kunstschnee besprühen, allerdings bleibt die Malfarbe länger schön und sauber.

Das Rehlein im Winterwald ist ein netter Willkommensgruß im Eingangsbereich.

Material

* 2 Stoffteile nach Schnittvorlage, rot-getupft (kleiner Fäustling)
* 2 Stoffteile nach Schnittvorlage, rot-getupft (großer Fäustling)
* Klebevlies
* Stickgarn, weiß
* Sticknadel
* Füllwatte
* Plüschstoff, weiß, Länge: 9 cm, Breite: 3 cm (kleiner Handschuh)
* Plüschstoff, weiß, Länge: 13 cm, Breite: 3 cm (großer Handschuh)
* Nähseide, weiß
* Draht, Länge: ca. 30 cm
* 2 Schellen, silber
* 2 Bänder, rot-kariert, Länge: 30 cm
* Schmuckzange

Handschuhe »Schöne Winterzeit«

Höhe: ca. 60 cm * Schwierigkeitsgrad: 1 * Schnittvorlage siehe Bogen I

Arbeitsschritte

Legen Sie den Stoff rechts auf rechts, übertragen Sie die Schnittvorlage für den kleinen und den großen Fäustling und schneiden Sie diese mit Nahtzugabe zu. Die übrigen Teile schneiden Sie gemäß der Angabe zu. Übertragen Sie dann die Stickvorlage auf das Klebevlies und bügeln Sie dieses links auf den kleinen und großen Handschuhteil, sodass die Daumen der rechten Stoffseite zueinander zeigen. Sticken Sie den Schriftzug „Schöne Winterzeit" mit weißem Stickgarn und mit Rückstich nach.

Legen Sie die Handschuhteile rechts auf rechts und nähen Sie diese rundum zusammen, wobei die Einschlupföffnung offen bleibt. Entfernen Sie die Nahtzugabe bis auf 3 mm und zwicken Sie diese in den Ecken und Rundungen mit der Schere ein. Wenden und bügeln Sie die Handschuhe und füllen Sie diese mit Füllwatte. Legen Sie das Plüschband um die Einschlupföffnung und steppen Sie dieses mittig fest. Zum Zusammenhängen der Fäustlinge drehen Sie die Enden vom Draht über einen Stift zu einer Spirale. Fädeln Sie je ein rot-kariertes Band und eine Schelle auf ein Drahtende. Biegen Sie das Drahtende mit der Schmuckzange um, binden Sie das rot-karierte Band zu einer Masche und befestigen Sie diese von Hand auf den Handschuhen.

Material

* 2 Jutestoffteile, Breite: 32 cm, Tiefe: 28,5 cm
* 2 Steppfutterteile, weiß, Breite: 32 cm, Tiefe: 28,5 cm
* Kordelschnur, dunkelrot, Länge: 80 cm
* 1 Zierknopf, dunkelrot
* Nähseide, weiß

Diese Topfummantelung hält den Wurzelballen warm und ist speziell für den Außenbereich gedacht.

Winterfeste Topfummantelung

Größe: 15 x 15 cm * Schwierigkeitsgrad: 2

Arbeitsschritte

Schneiden Sie die Stoffteile gemäß der Angabe zu und versäubern Sie diese rundum mit Zickzackstich.

Legen Sie die beiden Juteteile rechts auf rechts mit der Breitseite (32 cm) nach oben auf und nähen Sie die Seiten und die Bodenkante mit 1 cm Nahtzugabe wie in Abbildung 1 zusammen. Ziehen Sie die Ecken rechts und links unten wie in Abbildung 2 auseinander, sodass die Bodennaht und die Seitennaht exakt aufeinanderliegen. Messen Sie jeweils 7,5 cm entlang der Unterkante hinein und steppen Sie die Ecken im rechten Winkel zur Unterkante wie in Abbildung 2 ab. Schneiden Sie die Zipfel weg und versäubern Sie die Ränder. Wiederholen Sie diese Arbeitsschritte mit den beiden Steppfutterteilen, markieren Sie allerdings hier die Wendeöffnung bei einer Seitennaht.

Fertigstellung: Wenden Sie den Steppfutterteil und stecken Sie diesen rechts auf rechts in den Juteteil. Fixieren Sie die Oberkanten miteinander und nähen Sie die beiden Stoffteile an der Oberkante mit 1 cm Nahtzugabe rundum zusammen. Wenden Sie die Topfummantelung und schließen Sie die Öffnung von Hand. Stülpen Sie 4 cm Überschlag nach außen. Binden Sie die Kordelschnur um den Überschlag und fixieren Sie diese indem Sie die Enden durch einen großen Knopf ziehen und verknoten.

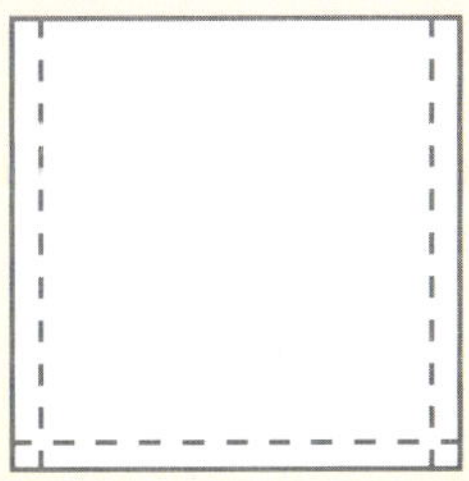

Abb. 1 Stoffteil an den Seiten- und Bodenkanten zusammennähen.

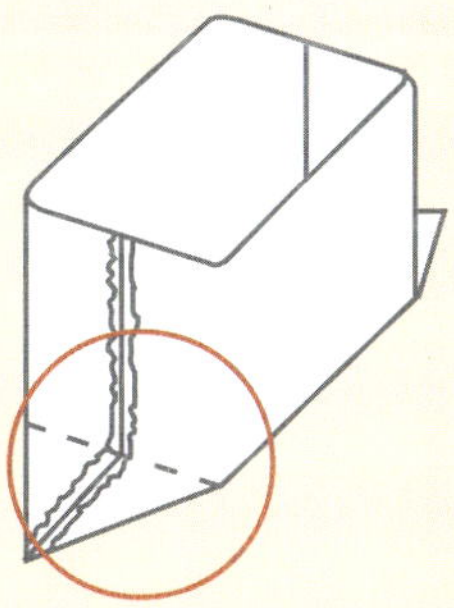

Abb. 2 Bodenecken abnähen.

Schneemann auf Birkenbesen

Größe: 70 cm ✱ Schwierigkeitsgrad: 3 ✱ Schnittvorlage siehe Bogen I u. VII

Material

- ✱ 2 Fleeceteile, weiß, nach Schnittvorlage (Schneemann)
- ✱ 2 Stoffteile, rot, nach Schnittvorlage (Herz)
- ✱ 1 Filzteil, orange, nach Schnittvorlage (Nase)
- ✱ 1 Fleecestreifen, weiß, Länge: 100 cm, Breite: 7 cm (Band zum Aufbinden)
- ✱ 1 Stoffteil, grau-gestreift, Länge: 100 cm, Breite: 20 cm (Schal)
- ✱ 1 Stoffteil, grau, Länge: 100 cm, Breite: 20 cm (Schal)
- ✱ 1 Wollstoffteil, grau, Länge: 55 cm, Höhe: 33 cm (Haube)
- ✱ Füllwatte
- ✱ 2 Knöpfe, schwarz (Augen)
- ✱ 1 Zierknopf (für das Herz)
- ✱ 3 Filzteile, grau, nach Schnittvorlage (Sterne)
- ✱ Stickgarn, dunkelrot
- ✱ Sticknadel
- ✱ Broschennadel (Herz)
- ✱ 1 Birkenbesen
- ✱ Klebstoff

Aufgebunden auf den Birkenbesen bleibt Ihr Schneemann sauber und sieht als Eingangsdekoration auch noch nach Wochen gepflegt aus. Sie können den Schneemann auch auf Sträucher oder Säulen binden.

Arbeitsschritte

Legen Sie den Stoff rechts auf rechts, übertragen Sie die Schnittvorlagen für den Schneemann und das Herz und schneiden Sie diese mit Nahtzugabe zu. Die übrigen Teile schneiden Sie nach Schnittvorlage ohne Nahtzugabe und gemäß der Angabe zu. Achten Sie beim grau-gestreiften Stoffteil für den Schal auf den Musterverlauf.

Band zum Aufbinden: Halbieren Sie das weiße Fleeceband der Länge nach (ergibt ein Maß von 100 x 3,5 cm) und steppen Sie dieses mit 1 cm Nahtzugabe an der Längsseite und an einer Breitseite ab. Wenden und bügeln Sie das Band und schließen Sie die Öffnung von Hand. Nähen Sie das Band auf der rechten Stoffseite eines Schneemannteiles 5 cm unterhalb der Halskerbe mittig fest. Das Band befindet sich auf der Rückseite des Schneemannes.

Schneemann: Legen Sie die beiden Schneemannteile rechts auf rechts, markieren Sie am Oberkopf eine Wendeöffnung und nähen Sie den Schneemann rundum mit Stichgröße 1 zusammen. Zwicken Sie mit der Schere die Nahtzugabe bei den Rundungen und in den Ecken ein und wenden Sie den Schneemann. Füllen Sie diesen mit Füllwatte und schließen Sie die Öffnung von Hand.

Schal: Versäubern Sie die beiden Stoffteile für den Schal, legen Sie diese rechts auf rechts, markieren Sie eine Wendeöffnung und nähen Sie den Schal mit 1 cm Nahtzugabe rundum zusammen. Wenden und bügeln Sie den Schal und schließen Sie die Öffnung von Hand. Binden Sie dem Schneemann den Schal um den Hals.

Haube: Falten Sie den Wollstoffteil für die Haube links auf links der Breite nach (ergibt ein Maß von 27,5 x 33 cm) und nähen Sie die Seite mit Zickzackstich zusammen. Klappen Sie an der Unterkante 4 cm nach außen und nähen Sie 0,5 cm vom Rand entfernt mit rotem Stickgarn von Hand eine Ziernaht mit Vorstich. Für den Pompon binden Sie die Mütze 10 cm unterhalb der Oberkante mit einem Garn zusammen und schneiden Sie mit der Schere in Abständen von 0,5 cm 9 cm tiefe Fransen ein. Setzen Sie die Mütze auf den Schneemannkopf.

Nase: Falten Sie den orangen Filzteil für die Nase und nähen Sie die Seite mit Zickzackstich zusammen. Wenden und füllen Sie die Nase mit Füllwatte und nähen Sie diese sowie die Augen von Hand im Gesicht des Schneemannes an.

Herz: Legen Sie die beiden Herzteile rechts auf rechts, markieren Sie eine Wendeöffnung und nähen Sie das Herz rundum mit Stichgröße 1 zusammen. Zwicken Sie mit der Schere die Nahtzugabe in den Rundungen und Ecken ein und wenden Sie das Herz. Füllen Sie dieses mit Füllwatte und schließen Sie die Öffnung von Hand. Nähen Sie den Zierknopf auf der Vorderseite und die Broschennadel auf der Rückseite fest. Stecken Sie das Herz auf den Schneemann.

Fertigstellung: Schneiden Sie die drei Filzsterne zu und kleben Sie diese als Knöpfe auf der Vorderseite fest. Binden Sie den Schneemann auf den Birkenbesen.

Der Schneemann auf dem Birkenbesen vermittelt eine liebevolle Winteridylle im Außenbereich.

Barockengel Türaufhänger

Höhe: ca. 35 cm, Breite: 30 cm * Schwierigkeitsgrad: 3 * Schnittvorlage s. Bogen I, II, V u. VII

Material

* 2 Holzstäbe, Länge: 40 cm, d = 4 mm
* 1 Holzstab, Länge: 30 cm, d = 4 mm
* Klebepistole
* Stoffreste, beige (Körper)
* Stoffreste, weiß (Stern)
* Stoffreste, beige-getupft, beige-gestreift, rot-gestreift (Herzen)
* Füllwatte
* Filz, weiß und rot, Stärke: 2 mm
* Filz, weiß, Stärke: 4 mm (Flügel)
* Stickgarn, weiß, schwarz und rot
* Sticknadel
* 1 Zierknopf
* 1 Satinrose, dunkelrot
* 1 Baumwollband, beige, Länge: 150 cm (Haare)
* 1 Band, rot-kariert, Länge: 7 cm
* Buntstift, rot
* Holzperlen, rot und natur
* 1 Wattestäbchen
* 1 kleines Messer
* Nähseide, farblich passend

Zuschnitt

2 Stoffteile, beige, n. Schnittvorl. (Körper)
2 Stoffteile, weiß, n. Schnittvorl. (Stern)
2 Stoffteile, beige-gestreift, nach Schnittvorlage (Herz)
2 Stoffteile, beige-getupft, nach Schnittvorlage (Herz)
2 Stoffteile, rot-gestreift, nach Schnittvorlage (Herz)
1 Filzteil, weiß, Stärke: 4 mm, nach Schnittvorlage (Flügel)
2 Filzteile, rot, n. Schnittvorl. (Kleid)
2 Filzstreifen, weiß, Länge: 12 cm, Breite: 3 cm (Bordüre-Kleid)
1 Filzherz, rot, nach Schnittvorlage (Deko für das Herz)
1 Filzherz, weiß, nach Schnittvorlage (Deko für das Kleid)
1 Filzteil, weiß, 2 x 2 cm (Deko für das Herz)
1 Filzstreifen, Länge: 25 cm (Masche)

Arbeitsschritte

Legen Sie den Stoff rechts auf rechts, übertragen Sie die Schnittvorlage für den Körper, den Stern und die drei Herzen und schneiden Sie die Herzen mit Nahtzugabe, alle übrigen Teile nach der Schnittvorlage ohne Nahtzugabe und gemäß der Angabe zu.

Körper vorbereiten: Sticken Sie mit schwarzem Stickgarn die Augen, wie in der Schnittvorlage eingezeichnet, auf einen Körperteil auf. Legen Sie die beiden Stoffteile für den Körper rechts auf rechts und nähen Sie diese rundum zusammen. Die Unterkante bleibt offen. Schneiden Sie die Nahtzugabe bis auf 3 mm weg, zwicken Sie diese in den Ecken und Rundungen mit der Schere ein und wenden Sie den Körper. Füllen Sie den Körper mit Füllwatte. Klappen Sie die Nahtzugabe an der Unterkante nach innen und steppen Sie die Öffnung kantig ab.

Kleidchen: Legen Sie die beiden weißen Filzstreifen für die Bordüre 1 cm überlappend an die Unterkante der Kleiderteile und nähen Sie diese mit weißem Stickgarn mit Vorstich auf. Schneiden Sie den überstehenden Filz mit der Zickzackschere bis auf 0,5 cm weg. Nähen Sie das weiße Filzherz mit Vorstich auf die Vorderseite des Kleidchens. Legen Sie die beiden Kleiderteile rechts auf rechts und nähen Sie die Seiten füßchenbreit, wie in der Schnittvorlage eingezeichnet, zusammen. Fädeln Sie rotes Stickgarn in die Nadel und nähen Sie um den Halsausschnitt, von hinten beginnend, 1 cm unterhalb der Oberkante eine Heftnaht. Wenden Sie das Kleidchen und ziehen Sie es dem Engel über. Ziehen Sie das Garn ein, sodass sich das Kleid um den Hals kräuselt, und binden Sie die Enden am Rücken zu einer Masche. Legen Sie den 25 cm langen Filzstreifen in eine Masche und bringen Sie diese und den Zierknopf auf der Vorderseite des Kleidchens von Hand an.

Flügel: Nähen Sie beim Flügel rundum eine Ziernaht mit Vorstich, 0,5 cm vom Rand entfernt. Befestigen Sie den Flügel von Hand am Rücken.

Fertigstellen: Legen Sie das Baumwollband für die Haare in eine 10 cm lange Schlaufe, binden Sie dieses in der Mitte mit dem rot-karierten Band zusammen und kleben Sie es mit Heißwachs auf den Oberkopf. Verteilen Sie die Haare seitlich und am Hinterkopf. Schaben Sie mit einem Messer etwas Farbe vom roten Buntstift und tupfen Sie diese mit dem Wattestäbchen als Wangen in das Gesicht.

Stern, Herzen: Nähen Sie beim Stern auf einer rechten Stoffseite 1,5 cm vom Rand entfernt eine Ziernaht sowie das Filzherz, die Satinrose und das Viereck auf den Herzen mit Vorstich fest. Legen Sie jeweils die zwei Stoffteile rechts auf rechts aufeinander, markieren Sie eine Wendeöffnung und nähen Sie diese rundum zusammen. Schneiden Sie die Nahtzugabe bis auf 3 mm weg und schneiden Sie diese an den Ecken und Rundungen mit der Schere ein. Wenden und Bügeln Sie die Werkstücke. Füllen Sie diese mit Füllwatte und schließen Sie die Öffnung von Hand. Nähen Sie die Herzen mit einem Band und einer Perle an den Händen des Engels fest.

Holzrahmen: Legen Sie die drei Holzstäbe in einem Dreieck auf, wobei das kurze Stück unten liegt, und kleben Sie diese an den Enden überkreuzt mit Heißwachs zusammen. Fügen Sie etwas Heißwachs auf die Hände des Engels und kleben Sie sie an den Holzstäben fest. Der Stern wird auf die Spitze des Holzrahmes geklebt.

Dieser Türaufhänger
für die Adventzeit
schmückt jedes
Eigenheim.

Winter-Bild

Größe: ohne Aufhängung 16 x 16 cm * Schwierigkeitsgrad: 1 * Schnittvorlage s. Bogen I

Material

* Fleecestoff, weiß
* Baumwollstoff, weiß-braun-getupft
* Bauwollstoff, weiß
* Filzreste, dunkelrot und beige
* Klebevlies
* Nähseide, schwarz und weiß
* 2 Perlen, schwarz (Augen)
* Stickgarn, braun, dunkelrot und weiß
* Sticknadel
* Drahtaufhängung Herz, Länge: 20 cm (erhältlich in Nähboutiquen)
* 2 Zierknöpfe, beige

Zuschnitt

2 Filzteile, beige, nach Schnittvorlage (Vögel)

2 Filzteile, dunkelrot, nach Schnittvorlage (Flügel)

2 Filzteile, dunkelrot nach Schnittvorlage (Schnabel)

1 Filzteil, dunkelrot, nach Schnittvorlage (Herz)

1 Fleeceteil, weiß, 16 x 16 cm (Vorderseite)

1 Stoffteil, weiß-braun-getupft, 18 x 18 cm (Rückseite)

4 Stoffstreifen, weiß-braun-getupft, Breite: 3 cm, Länge: 18 cm (Rahmen)

2 Stoffteile, weiß, Länge: 10 cm, Breite: 8 cm (Aufhängeschlaufen)

1 Klebevlies, 14 x 14 cm

Arbeitsschritte

Schneiden Sie die Stoffteile nach der Schnittvorlage und gemäß der Angabe ohne Nahtzugabe zu. Versäubern Sie die Stoffteile mit Zickzackstich. Die Filzteile werden nicht versäubert.

Bild vorbereiten: Übertragen Sie die Stickvorlage auf Klebevlies und bügeln Sie dieses links auf den weißen Fleeceteil auf. Sticken Sie den Zweig und die Beine mit Rückstich nach. Nähen Sie die Filzteile mit schwarzer Nähseide mit dem einfachen kantenverbindenden Nähstich (Anleitung siehe Allgemeines, S. 10) von Hand auf die rechte Stoffseite auf. Sticken Sie den Stern mit weißem Stickgarn nach. Nähen Sie die Perlen für die Augen von Hand fest.

Schlaufen nähen: Halbieren Sie die Stoffteile für die Aufhängeschlaufen der Länge nach (ergibt ein Maß von 10 x 4 cm) und nähen Sie je eine Länge und eine Breite füßchenbreit zusammen. Eine Breitseite bleibt offen. Wenden und bügeln Sie die Schlaufen.

Fertigstellung: Legen Sie je einen weiß-braun-getupften Streifen für den Rahmen rechts auf rechts entlang der Ober- und Unterkante des Bildes und nähen Sie diesen unter Einhaltung von 1 cm Nahtzugabe auf. Bügeln Sie die Nähte auseinander und wiederholen Sie diesen Arbeitsschritt mit den beiden anderen Stoffteilen an den Seiten des Bildes.
Legen Sie den Stoffteil für die Rückseite rechts auf rechts auf das Bild, fügen Sie an der Oberkante, 1 cm seitlich hineingerückt, die Schlaufen so ein, dass diese mit der Außenkante der Stoffe abschließen und nach innen ragen. Markieren Sie eine Wendeöffnung und nähen Sie das Bild rundum mit 1 cm Nahtzugabe zusammen. Wenden und bügeln Sie das Bild und schließen Sie die Öffnung von Hand. Klappen Sie die Schlaufen über den Drahtbügel und nähen Sie diese mit einem Zierknopf auf der Vorderseite des Bildes fest.

Nähen Sie die Filzteile mit dem kantenverbindenden Nähstich auf.

Das winterliche Bild
mit Vögeln schmückt
jede Zimmerwand.

Wandbehang aus Jute

Länge: 46 cm, Breite: 10 cm ✱ Schwierigkeitsgrad: 1 ✱ Schnittvorlage siehe Bogen I

Material

- 2 Stoffteile, weiß-getupft, nach Schnittvorlage (Baum)
- 2 Stoffteile, braun-getupft, nach Schnittvorlage (Stern)
- 2 Stoffteile, weiß-kariert, nach Schnittvorlage (Herz)
- Füllwatte
- 1 Juteteil, Länge: 50 cm, Breite: 14 cm
- 1 Holzstab, Länge: 15 cm, d = 4 mm
- 2 Holzknöpfe oder Perlen
- Basteldraht, Länge: 30 cm (für Aufhängung)
- 100 cm Baumwollband
- 1 Zierknopf
- Zweige und Beeren
- Klebepistole
- Nähseide, weiß

Befestigen Sie die Winterbeeren auf einem kleinen Zweig.

Arbeitsschritte

Legen Sie den Stoff rechts auf rechts, übertragen Sie die Schnittvorlagen und schneiden Sie den Baum, den Stern und das Herz mit Nahtzugabe zu. Die übrigen Teile schneiden Sie gemäß der Angabe zu.

Stern, Baum, Herz: Legen Sie die Stoffteile rechts auf rechts, markieren Sie eine Wendeöffnung und nähen Sie diese rundum zusammen. Schneiden Sie die Nahtzugabe bis auf 3 mm weg, zwicken Sie diese in den Ecken und Rundungen mit der Schere ein und wenden Sie die Werkstücke. Füllen Sie diese mit Füllwatte und schließen Sie die Öffnung von Hand.

Juteband: Fransen Sie 4 cm an der Unterkante aus und versäubern Sie alle vier Seiten mit Zickzackstich.

Bügeln Sie auf beiden Längsseiten je 1 cm und nochmals 1 cm und an der Oberkante zuerst 1 cm und dann 3 cm Nahtzugabe auf links. Nähen Sie die Nahtzugabe mit Zickzackstich fest. Achten Sie darauf, dass an der Oberkante eine Öffnung zum Einfügen des Holzstabes bleibt.

Fertigstellung: Binden Sie das Baumwollband um die Mitte des Baumes und verknoten Sie dieses. Nähen Sie in gleichmäßigen Abständen den Baum, den Stern und das Herz untereinander auf den Jutestreifen. Ziehen Sie das Baumwollband locker über den Stern bis zum Herz und nähen Sie dieses mit dem Zierknopf auf dem Herz fest. Mit dem unteren Ende des Bandes knoten Sie ein Büschel Zweige und Beeren fest und kleben dieses unterhalb des Herzens mit Heißwachs an.

Schieben Sie den Holzstab in die Öffnung an der Oberkante und stecken Sie an beiden Enden einen Holzknopf oder eine große Perle zur Fixierung auf. Befestigen Sie den Draht für die Aufhängung am Holzstab.

Aufgrund der geringen Breite passt diese stimmungsvolle Dekoration auf jede Wand.

Hängeornamente für Adventkranz

Höhe: 15 cm ✱ Schwierigkeitsgrad: 1 ✱ Schnittvorlage siehe Bogen I

Material

- 2 Stoffteile, weiß-braun-getupft, nach Schnittvorlage
- Füllwatte
- Nähseide, farblich passend
- Reisigkranz
- 4 Bänder, weiß, Länge: je ca. 1 m
- 4 Kerzen, weiß, mit Tropftasse
- Zapfen
- evtl. Schneespray
- 4 Walnüsse
- Zimtstangen
- Draht, unterschiedliche Längen
- Klebepistole
- Bohrer, d= 1 mm

Diese Ornamente drehen sich wunderbar bei jedem Luftzug.

Arbeitsschritte

Deltoid: Legen Sie den Stoff rechts auf rechts, übertragen Sie die Schnittvorlage und schneiden Sie das Deltoid mit Nahtzugabe zu. Markieren Sie eine Wendeöffnung und nähen Sie die Stoffteile rundum zusammen. Schneiden Sie die Nahtzugabe bis auf 3 mm weg und zwicken Sie diese an den Schrägen mit der Schere ein. Wenden Sie das Werkstück und füllen Sie es mit Füllwatte. Schließen Sie die Öffnung von Hand und nähen Sie dabei eine Schlaufe zum Aufhängen in gewünschter Länge mit ein.

Dekorieren Sie Ihren Adventkranz, indem Sie zuerst die vier Kerzen in einem gleichmäßigen Abstand mit der Tropftasse in den Reisigkranz stecken. Bohren Sie mit einem 0,1-cm-Bohrer Löcher in die Zapfen und Nüsse und stecken Sie den Draht mit einem Tupfen Heißwachs in die Öffnung. Nach dem Trocknen besprühen Sie die Zapfen mit Schneespray und stecken 4 Stück der Zapfen zwischen die Kerzen auf den Kranz. Die restlichen Zapfen werden verteilt an der Seite des Kranzes aufgehängt.

Legen Sie die Bänder in eine Schleife und binden Sie sie in der Mitte mit Draht zusammen. Fassen Sie die Zimtstangen zusammen und fixieren Sie sie ebenfalls mit Draht. Danach stecken Sie die Bänder, die Nuss und die Zimtstangen an der Außenseite jeder Kerze in den Kranz. Zuletzt hängen Sie die genähten Ornamente seitlich rundum auf das Reisig.

Stecken Sie die Zimtstangen, die Nuss und die Bänder in den Kranz hinein.

Ein Adventkranz in Winterweiß ist eine besonders stimmungsvolle Alternative.

Adventkalender Frosti

Höhe: ca. 60 cm * Schwierigkeitsgrad: 3 * Schnittvorlage siehe Bogen II, IV u. VII

Material

* Steppfutter, weiß
* Baumwollstoff, hellblau
* Fleecestoff, hellblau
* Plüsch, weiß
* Wolle, weiß (Pompon)
* 2 Pomponschablonen, d = 3 cm, d = 4 cm
* 2 Zierknöpfe, schwarz (Augen)
* Filzrest, orange (Nase)
* Füllwatte
* Stickgarn, schwarz
* Sticknadel
* Nähseide, weiß und orange
* Klebezahlen
* Basteldraht, Länge: 30 cm (Aufhängung)
* Schmuckzange
* Klebevlies

Zuschnitt

2 Steppfutterteile, weiß, nach Schnittvorlage (Schneemann)

4 Fleeceteile, hellblau, nach Schnittvorlage (Handschuhe)

1 Filzteil, orange, nach Schnittvorlage (Nase)

1 Stoffteil, hellblau, Höhe: 26 cm, Breite: 22 cm (Untergrund für die Fächer)

5 Stoffteile, hellblau, Länge: 22 cm, Breite: 6 cm (Fächer)

1 Fleeceteil, hellblau, Länge: 30 cm, Breite: 18 cm (Mütze)

1 Fleeceteil, hellblau, Länge: 80 cm, Breite: 10 cm (Schal)

2 Plüschteile, Länge: 12 cm, Breite: 4 cm

Arbeitsschritte

Legen Sie die Stoffe rechts auf rechts, übertragen Sie die Schnittvorlage und schneiden Sie den Schneemann und zweimal die Handschuhe mit Nahtzugabe zu. Die anderen Teile werden gemäß der Angabe und der Schnittvorlage ohne Nahtzugabe zugeschnitten. Versäubern Sie die Ränder der Stoffteile für die Fächer und die Fächerunterlage mit Zickzackstich.

Zahlenfächer vorbereiten: Bügeln Sie bei den fünf hellblauen Baumwollstreifen an beiden Längen 1 cm Nahtzugabe auf links (ergibt ein Maß von 22 x 4 cm) und steppen Sie an einer Längsseite die Nahtzugabe kantig ab.

Legen Sie den Stoffteil für den Untergrund rechts mit der Breitseite nach oben auf und fixieren Sie darauf waagrecht die Fächerstreifen, wobei Sie die bereits abgesteppte Länge als Oberkante verwenden. Beginnen Sie oben nach 1 cm Nahtzugabe und lassen Sie zwischen den Stoffstreifen jeweils 1 cm frei. Der letzte Stoffstreifen schließt 1 cm über der Unterkante des Untergrundes.

Nähen Sie die Stoffstreifen nun entlang der Unterkante auf den Untergrund waagrecht auf. Danach steppen Sie senkrecht 4 cm breite Felder, wobei Sie an den Seiten jeweils 1 cm Nahtzugabe berücksichtigen. Der 24. Tag bekommt ein Doppelfach. Nach dem Absteppen bügeln Sie rundum 1 cm Nahtzugabe auf links und nähen diesen Stoffteil an den Seiten und an der Unterkante auf den Vorderteil des Schneemannes auf. Die Oberkante nähen Sie von Hand fest.

Schneemannkörper: Übertragen Sie die Stickvorlage, sticken Sie den Mund auf den Vorderteil des Schneemannkörpers auf und nähen Sie die Knöpfe als Augen an. Legen Sie die beiden Schneemannkörperteile rechts auf rechts, markieren Sie eine Wendeöffnung am Oberkopf und nähen Sie den Schneemann rundum zusammen. Wenden Sie den Schneemann, füllen Sie etwas Füllwatte in den Kopf und schließen Sie die Öffnung von Hand.

Mütze: Halbieren Sie den hellblauen Fleeceteil für die Mütze der Breite nach (ergibt ein Maß von 15 x 18 cm) und nähen Sie die Seite mit 1 cm Nahtzugabe zusammen. Wenden Sie die Mütze, klappen Sie die Unterkante 2 cm nach außen und setzen Sie sie auf den Kopf. Für den Pompon binden Sie die Mütze 5 cm unterhalb der Oberkante mit Stickgarn zusammen und schneiden Sie den überstehenden Teil in 1 cm breite und 4 cm tiefe Streifen.

Schal: Schneiden Sie an den Breitseiten, jeweils in Abständen von 1 cm, 2 cm tiefe Fransen ein und wickeln Sie den Schal um den Hals des Schneemannes.

Handschuhe: Nähen Sie jeweils zwei Handschuhteile rechts auf rechts zusammen, wenden und ziehen Sie diese über die Ärmchen des Schneemannes und steppen Sie diese mit einem Plüschstreifen auf den Schneemannarmen ab.

Fertigstellung: Fertigen Sie die Pompons und befestigen Sie diese von Hand mit einem Stück Wolle am rechten Handschuh. Für die Nase nähen Sie den orangen Filzteil, wie in der Schnittvorlage eingezeichnet, an den Seiten kantig zusammen. Wenden Sie die Nase und befestigen Sie diese von Hand in der Mitte des Gesichts. Zur Stabilisierung befestigen Sie von Hand die Daumen an der Mütze. Halbieren Sie das Drahtstück in der Mitte, biegen Sie die Enden mit der Schmuckzange um und stecken Sie diese auf der Rückseite in die Handschuhe. Bekleben Sie die Fächer mit bunten Zahlen von 1 bis 24.

Dieser Adventkalender lässt die Kinderherzen höher schlagen.

Platzsparender Adventkalender

Höhe: 145 cm, Breite: 8 cm, Fächertiefe: 5 cm * Schwierigkeitsgrad: 1

Material

* 2 Baumwollstoffteile, braun, Länge: 147 cm, Breite: 10 cm (Untergrund)
* 24 Filzteile, beige, Breite: 10 cm, Tiefe: 5 cm (Fächer)
* 24 Filzscheiben, Stärke: 2 mm (rot, dunkelrot, braun und weiß), d = 3 cm
* 2 Baumwollstoffteile, beige-gestreift, Länge: 13 cm, Breite: 6 cm (Aufhängeschlaufen)
* 2 Zierknöpfe, beige
* Stickgarn, weiß und dunkelrot
* Nähseide, farblich passend

Sollten Sie zwei oder mehr Kinder haben, so können diese Adventkalender problemlos nebeneinander auf einem Kleiderbügel oder Holzstab aufgehängt werden. Sieht toll aus, spart Platz und jedes Kind hat trotzdem seinen eigenen Adventkalender.

Arbeitsschritte

Schneiden Sie die beiden Stoffbahnen aus braunem Baumwollstoff und die 24 Filzteile aus beigem Filz gemäß der Angabe zu. Versäubern Sie die Ränder der beiden Stoffbahnen mit Zickzackstich.

Legen Sie den ersten braunen Stoffteil rechts mit der Breitseite nach oben auf und fixieren Sie den ersten Filzteil mit Stecknadeln 2 cm unterhalb der Oberkante. Legen Sie auch alle anderen Filzteile exakt darunter und lassen Sie zwischen den einzelnen Teilen 1 cm Platz frei. Nähen Sie die Filzteile an der Unterkante auf die braune Stoffbahn waagrecht auf.

Aufhängeschlaufen vorbereiten: Halbieren Sie die beiden gestreiften Stoffteile für die Aufhängeschlaufen rechts auf rechts der Länge nach (ergibt ein Maß von 13 x 3 cm) und nähen Sie die Längsseite und eine Breitseite mit 1 cm Nahtzugabe zusammen. Wenden und bügeln Sie die Schlaufe. Wiederholen Sie diese Arbeitsschritte mit dem zweiten Stoffteil.

Zusammengefaltet benötigt dieser Adventkalender nur sehr wenig Platz zur Aufbewahrung.

Fertigstellung: Legen Sie die beiden braunen Stoffbahnen rechts auf rechts und fügen Sie die beiden Schlaufen, rechts und links 1,2 cm hineingerückt, an der Oberkante zwischen den beiden Stoffteilen ein, sodass diese mit der Stoffaußenkante abschließen und innen liegen. Heften Sie den Adventkalender rundum zusammen, um ein Verrutschen zu vermeiden, und nähen Sie diesen anschließend mit 1 cm Nahtzugabe zusammen. Die Unterkante bleibt zum Wenden offen. Wenden und bügeln Sie den Adventkalender. Klappen Sie die Nahtzugabe an der Unterkante nach innen und schließen Sie die Öffnung von Hand.

Schneiden Sie 24 Filzscheiben aus den unterschiedlichen Farben aus und nähen Sie diese mit Stickgarn in Form eines Kreuzes auf die Filztaschen auf. Klappen Sie die Schlaufen nach vorne und nähen Sie diese mit den Zierknöpfen fest.

Hier wurde der platzsparende Adventkalender auf einem Zweig angebracht, was besonders naturverbunden und dekorativ wirkt.

Adventkalender mit Säckchen

Säckchengröße: Höhe: 13 cm, Breite: 10 cm ✱ Schwierigkeitsgrad: 1 ✱ Stickmuster siehe Bogen II

Material

- 24 Baumwollstoffteile, je 22 x 15 cm, getupft, kariert und einfarbig in weiß und braun (Säckchen)
- 24 Filzteile, weiß und braun, 4 x 4 cm (Zahlenfelder)
- Schrägband, weiß, Länge: 120 cm
- 24 Baumwollbänder, je 50 cm lang
- Stickgarn, weiß und braun
- Sticknadel
- Nähseide, weiß
- Klebevlies

Wählen Sie die Stofffarben nach Ihrem Geschmack aus. Wichtig ist nur, dass zumindest drei unterschiedliche Stoffdrucke mit harmonierenden Farben verwendet werden.

Arbeitsschritte

Schneiden Sie die 24 Stoffteile in gut harmonierenden getupften, karierten und einfarbigen Stoffen gemäß der Angabe zu und versäubern Sie die Ränder mit Zickzackstich. Für die Filzteile verwenden Sie bei den helleren Stoffen braunen und bei den farbenfroheren Stoffen weißen Filz. Schneiden Sie auch diese der Angabe gemäß mit Zickzackschere zu. Übertragen Sie die Zahlen auf Klebevlies und bügeln Sie diese auf die Filzteile auf.

Aufhängeschlaufen vorbereiten: Nehmen Sie das Schrägband zur Hand, halbieren Sie es der Länge nach und steppen Sie dieses kantig ab. Schneiden Sie das Band in 5 cm lange Stücke (dienen als Schlaufe zum Aufhängen der Säckchen).

Säckchen: Sticken Sie mit Rückstich die Zahlen von 1 bis 24 in die Filzfelder.

Legen Sie den ersten Stoffteil rechts mit der Längsseite nach oben auf. Stecken Sie den ersten Filzteil mittig, 4 cm über der Unterkante links auf rechts auf den Stoffteil und nähen Sie diesen kantig in einem Quadrat auf.

Bügeln Sie 1 cm Nahtzugabe an der Oberkante auf links und steppen Sie diese füßchenbreit ab.

Falten Sie den Stoffteil rechts auf rechts der Breite nach (ergibt ein Maß von 11 x 14 cm). Halbieren Sie ein Schrägband und fügen Sie dieses 5 cm unterhalb der Oberkante in die Seitennaht ein, sodass das Schrägband innen liegt und mit den Außenkanten abschließt. Nähen Sie die Seite mit 1 cm Nahtzugabe zusammen und bügeln Sie die Naht auseinander. Falten Sie das Säckchen so, dass der Stoffteil mit der linken Seite nach oben und der Seitennaht hinten in der Mitte vor Ihnen liegt. Nähen Sie die Bodennaht mit 1 cm Nahtzugabe zusammen.

Wenden und bügeln Sie das Säckchen, legen Sie das Band um die Vorderseite, fädeln Sie die Enden hinten in die Schlaufe und verknoten Sie diese miteinander.

Wiederholen Sie diese Arbeitsschritte bei den restlichen 23 Säckchen.

Nähen Sie den Filzteil auf das Säckchen auf.

Die Korkenzieherhasel in eine Holzkugel gesteckt, ist eine moderne Dekoration, die durch das Aufhängen der Säckchen vorübergehend in einen Adventkalender verwandelt wird.

Kantenhocker Vogel

Höhe: ca. 27 cm * Schwierigkeitsgrad: 3 * Schnittvorlage siehe Bogen II, VI u. VIII

Material

* Fleece, hellblau und weiß
* Filz, hellgrau
* Stoffrest mit Weihnachtsdruck (Herz)
* 1 Styroporkugel, d = 8 cm
* Füllwatte
* 2 Perlen, schwarz (Augen)
* Stickgarn, grau (Schneestern/Mütze)
* Stickgarn, hellblau, Länge: 30 cm (Schuhband)
* Stickgarn, weiß, Länge: 30 cm (Kragen)
* Klebevlies * Sticknadel
* Wolle, hellblau (Pompon)
* 2 Pomponschablonen, d = 3 cm, d = 4 cm
* Nähseide, farblich passend

Zuschnitt

2 Fleeceteile, weiß, nach Schnittvorlage (Körper)

4 Filzteile, grau, nach Schnittvorlage (Flügel)

4 Fleeceteile, hellblau, nach Schnittvorlage (Schuhe)

2 Filzteile, grau, nach Schnittvorlage (Schwänzchen)

2 Stoffteile, weiß-grau mit Weihnachtsmotiv, nach Schnittvorlage (Herz)

2 Filzteile, grau, nach Schnittvorlage (Schnabel)

1 Fleeceteil, hellblau, nach Schnittvorlage (Mütze)

2 Fleeceteile, weiß, Länge: 25 cm, Breite: 6 cm (Beine)

1 Fleeceteil, weiß, Länge: 20 cm, Breite: 3 cm (Kragenband)

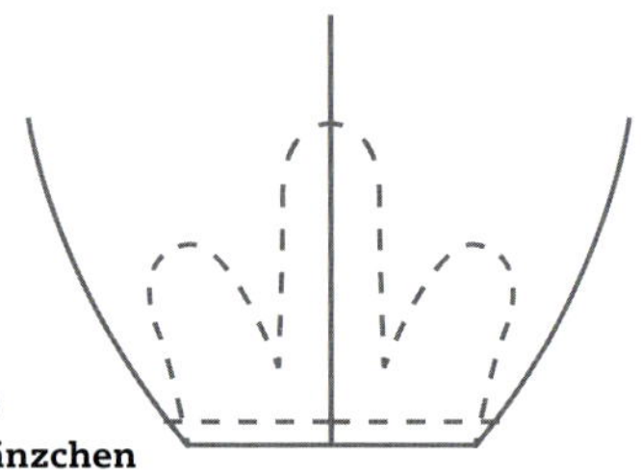

Abb. 3 Schwänzchen in die Öffnung einfügen.

Arbeitsschritte

Legen Sie das Fleece und den Filz rechts auf rechts und übertragen Sie die Schnittvorlagen. Schneiden Sie einmal den Körper ohne Nahtzugabe, die Flügel und die Schuhe zweimal mit Nahtzugabe, das Schwänzchen und das Herz einmal mit Nahtzugabe sowie den Schnabel einmal ohne Nahtzugabe zu. Die Mütze wird einmal nach Schnittvorlage mit Nahtzugabe und alle anderen Teile gemäß der Angabe zugeschnitten.

Flügel, Schwänzchen: Legen Sie jeweils zwei Teile rechts auf rechts, markieren Sie eine Wendeöffnung und nähen Sie die Teile rundum zusammen. Wenden und bügeln Sie die Teile. Stülpen Sie die Nahtzugabe bei der Wendeöffnung nach innen und steppen Sie diese rundum kantig ab.

Beine: Halbieren Sie die Stoffteile rechts auf rechts der Länge nach (ergibt ein Maß von 25 x 3 cm) und nähen Sie die Längs- und eine Breitseite füßchenbreit zusammen. Wenden Sie die Beine, füllen Sie diese mit Füllwatte, klappen Sie die Nahtzugabe nach innen und schließen Sie die Öffnung von Hand.

Schuhe: Legen Sie jeweils zwei Fleeceteile rechts auf rechts und nähen Sie diese rundum zusammen. Die Oberkante bleibt offen. Wenden Sie die Schuhe, stecken Sie je ein Ende eines Beines und etwas Füllwatte hinein und binden Sie die Schuhe mit hellblauem Stickgarn an den Beinen fest.

Körper: Legen Sie die beiden Körperteile rechts auf rechts aufeinander, markieren Sie an der Unterkante eine 12 cm lange Wendeöffnung sowie die Öffnung zum Einfügen des Schwänzchens (wie in der Schnittvorlage eingezeichnet) und nähen Sie die Teile mit Zickzackstich, Stichgröße 4, Stichbreite 2, rundum zusammen. Ziehen Sie bei der Schwanzöffnung den Stoff so auseinander, dass die Nähte aufeinanderliegen. Fügen Sie das Schwänzchen wie in Abbildung 3 ein. Nähen Sie diese Naht mit Normalstich füßchenbreit zusammen. Wenden Sie den Vogel, fügen Sie durch leichtes Dehnen die Styroporkugel in den Kopf ein und füllen Sie den Körper mit Füllwatte. Schließen Sie die Öffnung von Hand.

Mütze: Übertragen Sie den Schneestern auf das Klebevlies, bügeln Sie dieses mittig auf die linke Mützenseite und sticken Sie den Stern mit grauem Stickgarn mit Rückstich nach. Klappen Sie den Mützenteil in der Mitte rechts auf rechts, nähen Sie die Mützenspitze (wie in der Schnittvorlage eingezeichnet) zusammen und die Nahtzugabe rundum füßchenbreit fest. Fertigen Sie zwei Pompons mit d = 3 cm und einen Pompon mit d = 4 cm und nähen Sie diese auf die Mütze auf, wobei der größere Pompon an die Mützenspitze genäht wird.

Herz: Legen Sie die beiden Stoffteile rechts auf rechts, markieren Sie eine Wendeöffnung und nähen Sie diese rundum zusammen. Schneiden Sie die Nahtzugabe bis auf 3 mm weg und schneiden Sie diese mit der Schere in den Ecken und Rundungen ein. Wenden und bügeln Sie das Herz, füllen Sie dieses mit Füllwatte und schließen Sie die Öffnung von Hand.

Fertigstellung: Setzen Sie dem Vogel die Mütze auf den Kopf und nähen Sie die zwei schwarzen Perlen als Augen an. Legen Sie die zwei Schnabelteile links auf links und steppen Sie diese an den Seiten, wie in der Schnittvorlage eingezeichnet, kantig zusammen. Stecken Sie etwas Füllwatte in den Schnabel und bringen Sie diesen in der Mitte des Gesichtes von Hand an. Nähen Sie entlang einer Längsseite des Kragenbandes eine Heftnaht mit weißem Stickgarn, 1 cm vom Rand entfernt. Legen Sie das Kragenband um den Hals und ziehen Sie das Band fest, sodass sich das Band um den Hals kräuselt. Binden Sie die beiden Garnenden am Rücken zu einer Masche zusammen. Nähen Sie das Herz unterhalb des Kopfes, die Flügel seitlich davon und die Beine am Unterkörper von Hand an.

Setzen Sie den Wintervogel auf Ihr Fensterbrett oder in leerstehende Nischen.

Für den Körper ist es wichtig, Fleecestoff zu verwenden, da er dehnbar ist.

Material

* 1 Apfel
* 1 Teelicht
* 1 Messer

Apfelkerze

Schwierigkeitsgrad: 1

Arbeitsschritte

Um das Fensterbild abzurunden, drücken Sie die Metallschale eines Teelichtes auf den Apfel, höhlen Sie einen 2 cm tiefen Kreis in dieser Größe aus und stecken Sie das Teelicht hinein. Achten Sie darauf, dass die Schale bis zur Aushöhlung unverletzt bleibt, da der Apfel sonst an dieser Stelle braun wird.

Material für das große Bäumchen (Höhe 40 cm)

* 1 Filzplatte, weiß, Stärke: 4 mm (Baum)
* 1 Filzteil, weiß, Stärke: 2 mm, 30 x 30 cm (Schneemütze)
* Perlen, anthrazit
* Stickgarn, grau
* Nähseide, weiß

Material für das kleine Bäumchen (Höhe 30 cm)

* 1 Filzplatte, weiß, Stärke: 4 mm (Baum)
* 1 Filzteil, weiß, Stärke: 2 mm, 30 x 30 cm (Schneemütze)
* Filzreste, grau (Sterne)
* 4 Perlen, anthrazit
* Stickgarn, grau
* Nähseide, weiß

Fensterbäumchen

Höhe: 30 cm und 40 cm * Schwierigkeitsgrad: 1 * Schnittvorlage s. Bogen II, III u. V

Arbeitsschritte

Übertragen Sie die Schnittvorlage und schneiden Sie das Bäumchen aus 4 mm starkem weißen Filz und die Schneemütze aus 2 mm starkem Filz ohne Nahtzugabe zu.

Halbieren Sie die Filzteile für die Bäumchen und die Schneemützen der Länge nach und nähen Sie die Seiten füßchenbreit zusammen. Verwenden Sie zum Wenden einen Holzstab. Stülpen Sie die Schneemütze über das Bäumchen.

Fertigstellung des großen Bäumchens
Schlingen Sie nun das graue Stickgarn mit einem Abstand von 6 cm um das Bäumchen herum und fixieren Sie es, indem Sie die Perlen verstreut von Hand darauf befestigen.

Fertigstellung des kleinen Bäumchens
Schlingen Sie das graue Stickgarn im unteren Drittel zweimal um den Baum und vernähen Sie die Enden auf der Rückseite.

Schneiden Sie die vier Filzsterne nach Schnittvorlage aus dem grauen Filz ohne Nahtzugabe zu und nähen Sie diese mit einer Perle senkrecht in gleichmäßigen Abständen auf das Bäumchen auf.

Material für 1 Girlande

- Stoffreste, weiß-hellblau getupft (Vogel)
- Stoffreste, hellblau (Flügel)
- Füllwatte
- Klebevlies
- Stickgarn, weiß
- Sticknadel
- 2 Perlen, schwarz (Augen)
- 2 Zierknöpfe, hellblau
- Nähseide, weiß
- 3 Zimtstangen
- 1 Zapfen
- Bohrer (d = 1 mm)
- Basteldraht, Länge: 10 cm
- Klebepistole
- Nylonband, Länge: ca. 70 cm
- 1 Band, hellblau-kariert, Länge: 15 cm

Vogel-girlande

Vogelgröße: Höhe: 8 cm, Breite: 10 cm * Schwierigkeitsgrad: 2 Schnittvorlage s. Bogen II

Arbeitsschritte

Legen Sie den Stoff rechts auf rechts, übertragen Sie die Schnittvorlagen und schneiden Sie den Vogel einmal mit Nahtzugabe und die Flügel zweimal mit Nahtzugabe zu. Übertragen Sie die Stickvorlage auf das Klebevlies und bügeln Sie dieses links auf die beiden Flügel, sodass die Flügel mit der rechten Stoffseite zueinander zeigen. Sticken Sie die Spiralen mit weißem Stickgarn und Rückstich nach.

Vogel: Legen Sie die beiden Stoffteile für den Vogel rechts auf rechts, markieren Sie eine Wendeöffnung und nähen Sie diese rundum zusammen. Entfernen Sie die Nahtzugabe bis auf 3 mm und zwicken Sie diese an den Ecken und Rundungen mit der Schere ein. Nach dem Wenden und Bügeln füllen Sie den Vogel mit Füllwatte und schließen Sie die Öffnung von Hand. Wiederholen Sie diese Arbeitsschritte mit den beiden Flügeln. Bringen Sie die Flügel mit dem Zierknopf und die Perlen als Augen von Hand an.

Fertigstellung: Bohren Sie ein Loch in den Zapfen und befestigen Sie ein Drahtende mit Heißwachs. Biegen Sie das andere Ende zu einem Haken. Verknoten Sie das Nylonband um die drei Zimtstangen, hängen Sie den Draht vom Zapfen in das Nylonband ein und binden Sie das blau-karierte Band um den Nylonfaden und die Zimtstangen. Machen Sie 10 cm über den Zimtstangen einen Knoten in den Nylonfaden. Fädeln Sie nun den Faden in eine Sticknadel und ziehen Sie diesen durch den Vogel. Schieben Sie den Vogel bis zum Knoten hinunter und knüpfen Sie am Ende des Nylonbandes eine Schlaufe zum Aufhängen.

Material

* 1 Filzplatte, weiß, Stärke: 4 mm
* Schere
* Beidseitiges Klebeband

Durch Aufkleben der Schneesterne auf die Fenster erzeugen Sie eine besondere Winterstimmung.

Schneesterne

Durchmesser: 8 cm und 12 cm
Schwierigkeitsgrad: 1
Schnittvorlage s. Bogen VI

Arbeitsschritte

Übertragen Sie die Schnittvorlage auf den Filz und schneiden Sie die Schneesterne zu. Kleben Sie auf die Rückseite einen ca. 2 cm langen Klebestreifen.

Kapitel 2

Heilige Barbara

Die Barbarazweige werden von dem Schneemann zusammengehalten.

Nach der Überlieferung lebte Barbara als Tochter eines reichen Kaufmannes in Nikodemien. Als sich Barbara gegen den Wunsch Ihres Vaters dem Christentum zuwandte, versteckte sie sich auf der Flucht in einer Felsenhöhle. Aus diesem Grund wählten die Bergleute sie zu ihrer Schutzpatronin. Nach dem Brauchtum wurden früher am 4. Dezember, nämlich am Tag der heiligen Barbara, vorwiegend von jungen Mädchen Kirschzweige gepflückt, in eine Vase gestellt und mit einem Liebesorakel versehen. Wenn die Zweige bis zum Heiligen Abend erblühten, so erfüllte sich das Orakel. Noch heute werden, zumindest in den ländlichen Haushalten, traditionsgetreu am 4. Dezember Kirschzweige gepflückt und an einen warmen und sonnigen Platz gestellt. In diesem Kapitel stelle ich Ihnen zwei geschmackvolle Arrangements für Ihre Barbarazweige vor.

Mein Tipp

Pflücken Sie am Tag der heiligen Barbara für jedes Familienmitglied einen Kirschzweig und stellen Sie ihn in eine Vase. Dessen Zweig zuerst oder am hübschesten blüht, hat ein besonders gutes Jahr zu erwarten. Damit es zu keinen Verwechslungen kommt, versehen Sie jeden Zweig mit einem Schneeball. Auf jeden Schneeball wird der Anfangsbuchstabe der einzelnen Familienmitglieder aufgestickt. So sind Ihre Barbarazweige geschmackvoll dekoriert und außerdem mit einer netten Idee ausgestattet.

Das dreiteilige Set der Vasenummantelung ist eine hübsche Dekoration für den Wohnraum.

Vasenummantelung mit Schneesternapplikation

Schwierigkeitsgrad: 1 * Stickvorlage siehe Bogen II

Material

* Filz, naturweiß, Stärke: 3 mm, in berechneter Länge und Breite
* 1 Stoffteil, weiß, Länge: 17 cm, Breite: 17 cm (Applikation)
* Klebevlies
* Stickgarn, braun
* Sticknadel
* Klettverschluss, weiß, Länge: Maß der Höhe, Breite: 2 cm
* Nähseide, weiß

Arbeitsschritte

Schneiden Sie einen beigen Filzteil mit der berechneten Höhe und Breite und den weißen Stoffteil für die Applikation gemäß der Angabe zu. Versäubern Sie die Ränder des weißen Stoffteiles mit Zickzackstich.

Applikation: Übertragen Sie die Stickvorlage auf das Klebevlies und bügeln Sie dieses links auf den weißen Stoffteil. Sticken Sie den Schneestern mit braunem Stickgarn mit Rückstich nach. Bügeln Sie rundum 1 cm Nahtzugabe auf links und nähen Sie die Applikation von Hand mittig auf den beigen Filzteil mit Vorstich auf.

Vasenummantelung: Nähen Sie am Filzteil entlang der Ober- und Unterkante eine Ziernaht mit Vorstich von Hand.

Trennen Sie das Klettband und steppen Sie das Flauschband (der Höhe nach) an einer Seite des Filzteiles kantig auf. Das Hakenband nähen Sie gegenüberliegend auf der Rückseite kantig auf.

Berechnung

Messen Sie mit dem Maßband die Höhe und den Umfang Ihrer Vase und rechnen Sie beim Umfang 2 cm Klettverschluss-Überlappung dazu.

Barbarazweige lieben die Wärme und kommen in der Nähe Ihres Kamins besonders gut zur Geltung.

Die winterweiße
Filzdekoration macht
aus Ihrer Vase ein
besonderes Unikat.

Zweighalter Schneemann

Größe: 18 cm ✱ Schwierigkeitsgrad: 3 ✱ Schnittvorlage siehe Bogen III, IV u. VII

Material

- ✱ Baumwollstoff, weiß
- ✱ Füllwatte
- ✱ Filzreste, dunkelrot, weiß und rot, Stärke: 2 mm
- ✱ Stoffreste, rot-gestreift, rot-kariert
- ✱ Plüschreste
- ✱ Basteldraht, Länge: ca. 30 cm
- ✱ 3 Holzsterne zum Auffädeln (können auch durch Filzsterne ersetzt werden)
- ✱ 1 Kordelschnur, weiß, Länge: 20 cm
- ✱ 1 Schelle, silber
- ✱ Stickgarn, schwarz, dunkelrot und weiß
- ✱ Sticknadel
- ✱ 4 Perlen, schwarz (für Augen und Mundwinkel)
- ✱ Nähseide, weiß
- ✱ Klebstoff

Zuschnitt

- 2 Stoffteile, weiß, nach Schnittvorlage (Schneemann)
- 3 Stoffteile, rot-gestreift, nach Schnittvorlage (Jacke)
- 1 Stoffteil, kariert, nach Schnittvorlage (Halsband)
- 2 Filzteile, dunkelrot, nach Schnittvorlage (Hut)
- 4 Filzteile, dunkelrot, nach Schnittvorlage (Handschuhe)
- 1 Filzstreifen, weiß, Länge: 12 cm, Breite: 1 cm (Hut)
- 1 Filzteil, rot, nach Schnittvorlage (Herz)
- 2 Plüschteile, weiß, Länge: 6 cm, Breite: 2 cm (Handschuhe)

Dieser Schneemann verhindert ein Auseinanderklaffen der Barbarazweige in der Vase, da Sie durch den Drahtbügel die Zweige fixieren können.

Arbeitsschritte

Legen Sie den Stoff für den Schneemann rechts auf rechts, übertragen Sie die Schnittvorlage (auch den Mund) und schneiden Sie den Schneemannkörper mit Nahtzugabe zu. Schneiden Sie die drei Stoffteile für die Jacke sowie das Halsband einmal mit Nahtzugabe zu. Legen Sie den dunkelroten Filz rechts auf rechts und schneiden Sie einmal den Hut und zweimal die Handschuhe nach Schnittvorlage ohne Nahtzugabe zu. Die restlichen Teile werden nach Schnittvorlage und gemäß der Angabe ohne Nahtzugabe zugeschnitten.

Schneemannkörper: Sticken Sie mit schwarzem Garn den Mund nach, wie in der Schnittvorlage eingezeichnet. Legen Sie die beiden weißen Stoffteile rechts auf rechts, markieren Sie an der Unterkante eine Wendeöffnung und nähen Sie diese mit Stichgröße 1 zusammen. Schneiden Sie die Nahtzugabe bis auf 3 mm weg und zwicken Sie diese mit der Schere in den Ecken und Rundungen ein. Wenden Sie den Schneemann, füllen Sie ihn mit Füllwatte und schließen Sie die Öffnung von Hand.

Hut: Nähen Sie das rote Filzherz mit Vorstich auf einen Hutteil. Legen Sie beide Filzteile für den Hut links auf links aufeinander und nähen Sie diese rundum mit Zickzackstich zusammen, wobei die Unterkante offen bleibt. Fädeln Sie dunkelrotes Stickgarn in die Nadel und befestigen Sie das Hutband (weißer Filzstreifen, Länge: 12 cm) direkt über der Hutkrempe von Hand. Schlagen Sie die Hutkrempe 2 cm nach außen und befestigen Sie den Hut von Hand am Schneemann.

Jacke und Halsband: Versäubern Sie die Ränder der vier Stoffteile mit Zickzackstich. Nehmen Sie die drei dunkelrot-gestreiften Stoffteile für die Jacke zur Hand und legen Sie nun den Rückenteil mit der rechten Seite nach oben und die zwei Vorderteile mit der rechten Seite nach unten rechts und links darüber. Nähen Sie an der Oberkante (im Schulterbereich) rechts und links je 1,5 cm (wie in der Schnittvorlage eingezeichnet) sowie die Seiten zusammen (Armöffnung bleibt offen). Wenden Sie die Jacke und bügeln Sie die Seitennähte auseinander. Bügeln Sie an den Ärmeln, entlang des Halsausschnittes, bei den Seitenteilen und an der Unterkante die Nahtzugabe auf links. Steppen Sie die Nahtzugabe außer an den Ärmeln füßchenbreit ab. Beim rotkarierten Stoffteil für das Halsband bügeln Sie ebenfalls die Nahtzugabe auf links und steppen Sie diese rundum füßchenbreit ab.

Handschuhe: Legen Sie je zwei Handschuhteile aufeinander und nähen Sie diese mit weißem Stickgarn und Vorstich zusammen. Kleben Sie jeweils ein Ende der Kordelschnur und den Plüsch an der Öffnung des Handschuhs mit Klebstoff fest.

Fertigstellung: Nähen Sie die schwarzen Perlen an den Mundwinkeln und als Augen von Hand an. Ziehen Sie dem Schneemann die Jacke an, legen Sie ihm das Halstuch um und ziehen Sie die Enden durch die Schelle. Fädeln Sie die Holzsterne auf den Draht und formen Sie diesen zu einem Kreis. Der Kreis sollte einen Durchmesser von etwa 10 cm haben. Das klappt besonders gut, wenn man den Draht um ein Marmeladeglas schlingt. Biegen Sie mit einer Schmuckzange die Enden zu einem Haken. Hängen Sie die Handschuhe über den Draht und führen Sie diesen unter den Schneemannarmen nach hinten, nehmen Sie die Barbarazweige in den Drahtkreis mit hinein und haken Sie die Enden ineinander. Durch den Draht wird eine exakte Fixierung der Zweige möglich.

Der elegante Schneemann hält die Barbarazweige zusammen.

Material für einen Schneeball

* 2 Stoffteile, weiß, nach Schnittvorlage
* 1 Klebevlies, nach Schnittvorlage
* 1 Faservlies, Stärke 2 cm, nach Schnittvorlage
* Stickgarn, braun
* Sticknadel
* Nähseide, weiß

So kann jeder Kirschzweig einem Familienmitglied zugeordnet werden und es gibt keine Verwechslung.

Schneebälle mit Initialen

Größe: ca. d = 5 cm * Schwierigkeitsgrad: 2 * Schnittvorlage siehe Bogen III u. IV

Arbeitsschritte

Schneiden Sie die zwei weißen runden Stoffteile und das Faservlies mit Nahtzugabe und das Klebevlies ohne Nahtzugabe nach Schnittvorlage zu.

Übertragen Sie den gewünschten Buchstaben auf das Klebevlies und bügeln Sie dieses auf einen der beiden weißen Stoffteile links auf. Sticken Sie den Buchstaben mit braunem Stickgarn und Rückstich nach.

Legen Sie die beiden Stoffteile rechts auf rechts aufeinander, geben Sie das Faservlies darüber, bügeln Sie die Teile und heften Sie diese rundum zusammen. Markieren Sie mit zwei Stecknadeln eine Wendeöffnung. Steppen Sie die Teile mit Stichgröße 1 zusammen, schneiden Sie die Nahtzugabe bis auf 3 mm weg und zwicken Sie diese rundum mit der Schere ein. Wenden und bügeln Sie das Werkstück und schließen Sie die Öffnung von Hand. Nähen Sie rundum mit Vorstich eine Ziernaht, 2 mm vom Rand entfernt, und eine Schlaufe zum Aufhängen von Hand.

Material

- Filz, naturweiß, Stärke: 3 mm, in berechneter Länge und Breite
- Stickgarn, braun
- Sticknadel
- Klettverschluss, weiß, Länge: Maß der Höhe, Breite: 2 cm
- Baumwollband und Deko-Beeren
- Nähseide, weiß

Vasenummantelung 3-er-Serie

Schwierigkeitsgrad: 1

Berechnung

Messen Sie mit dem Maßband die gewünschte Höhe und den Umfang Ihrer Vase und rechnen Sie beim Umfang 2 cm Klettverschluss-Überlappung dazu.

Arbeitsschritte

Schneiden Sie den Filzteil nach Ihrer Berechnung zu.

Nähen Sie eine dekorative Naht mit braunem Stickgarn und Vorstich von Hand 5 mm vom Rand entfernt entlang der Ober- und Unterkante. Trennen Sie das Klettband und steppen Sie das Flauschband an einer Seite des Filzteiles senkrecht und das Hakenband gegenüber auf der Rückseite kantig auf.

Befestigen Sie die Vasenummantelung auf der Vase und wickeln Sie das Baumwollband im unteren Drittel mehrmals herum, nehmen Sie hierbei die Beeren mit ein und verknoten Sie die Enden miteinander.

Nikolaus und Krampus

Kapitel 3

Geschenkidee

Füllen Sie den Stiefel, den Nikolo- oder den Krampussack mit Äpfeln, Nüssen, Mandarinen und Lebkuchen oder bringen Sie einen süßen, selbst gefertigten Krampus im Cellophansackerl mit.

Sankt Nikolaus war ursprünglich Bischof in Myra. Mit seinem Tode am 6. Dezember legte er den Ursprung des Brauchtums von Nikolaus, dem Gabenbringer.

Der Legende nach lebte einst ein armer Vater alleine mit seinen drei Töchtern. Nachdem sie weder zu essen noch zu trinken hatten, schickte der Vater die drei Töchter zur Arbeit auf die Straße. Dies wollte St. Nikolaus verhindern, und da er ein reicher Mann war, warf er heimlich drei Goldklumpen durch das Fenster des armen Mannes. Diese fielen direkt zu seinen Schuhen.

Aus diesem Grunde stellen die Kinder noch heute am Vorabend des Nikolaustages die Schuhe vor die Tür, um viele Gaben von Nikolaus zu erhalten. Wenn Bischof Nikolaus selbst ins Haus kommt, dann meist mit dem Krampus in Begleitung. Nikolaus lobt und ermahnt, der Krampus dagegen bestraft die Kinder, heute allerdings meist nur durch sein Angst einflößendes Aussehen und sein Kettengerassel. Ursprünglich sollten die Rutenhiebe vom Krampus der Erziehung zum Gehorsam dienen.

Mein Tipp

Zwetschkenkrampusse sehen nett aus, schmecken allerdings nicht jedem. Deshalb habe ich einen Krampus aus Marzipan gefertigt, der gut schmeckt und als Mitbringsel für Kinder bestens geeignet ist.

Ein üppiger Gruß vom Nikolo,
wobei die Rute vom Krampus
natürlich nicht fehlen darf.

Nikolostiefel

Höhe: 15 cm, Stiefellänge: 19 cm, Stiefelbr.: ca. 10 cm ✱ Schwierigkeitsgr.: 3
Schnittvorlage siehe Bogen III, IV u. VI

Material für den beigen Stiefel

✱ 1 Filzplatte, beige, Stärke: 4 mm
✱ Stickgarn, braun und weiß
✱ Sticknadel
✱ Filzrest, braun (Herz)
✱ 1 Zierknopf
✱ Kordelschnur, braun
✱ Nähseide, farblich passend

Material für den roten Stiefel

✱ 1 Filzplatte, rot, Stärke: 4 mm
✱ Stickgarn, weiß und rot
✱ Sticknadel
✱ Filzrest, weiß (Baum)
✱ 1 Zierknopf
✱ Filzband, weiß
✱ Nähseide, rot

Der Unterschied zwischen den beiden Stiefeln ist, dass der Zierknopf des roten die Schaftteile schließt und der Stiefel dadurch besser gefüllt werden kann. Prinzipiell gelten für beide Stiefel die gleichen Arbeitsschritte mit den entsprechenden Materialien.

Zuschnitt

2 Filzteile, Stärke: 4 mm, nach Schnittvorlage (Schaft)

1 Filzteil, Stärke: 4 mm, nach Schnittvorlage (Sohle)

1 Filzteil, Stärke: 4 mm, nach Schnittvorlage (Schuhspitze)

1 Filzteil, Stärke: 2 mm, nach Schnittvorlage (Herz oder Baum)

Durch den starken Filz bekommt der Stiefel Stabilität, auch wenn er mit Nüssen, Mandarinen und Schokolade gefüllt ist.

Arbeitsschritte

Schneiden Sie zweimal den Schaftteil und je einmal die Sohle und die Schuhspitze nach Schnittvorlage ohne Nahtzugabe aus 4 mm starkem Filz zu. Das Herz schneiden Sie aus 2 mm starkem Filz zu.

Nähen Sie die beiden Schaftteile, wie in der Abbildung 4, mit Zickzackstich zusammen.

Legen Sie den Schuhspitzenteil, 1 cm überlappend, auf die Unterkante der Schaftteile und nähen Sie diesen wie in Abbildung 5 mit Zickzackstich auf. Bringen Sie das braune Filzherz mit Vorstich mittig auf den Schuhspitzenteil von Hand an.

Klappen Sie die Schaftteile rechts auf rechts zusammen und nähen Sie diese hinten, wie in Abbildung 6, füßchenbreit zusammen.

Wenden Sie den Schaftteil und stecken Sie diesen links auf links auf die Sohle. Nähen Sie die Sohle am Schaft mit Schlingenstich fest und für die Kontur rund um die Oberkante sowie entlang der vorne offenen Schaftteile.

Legen Sie das braune Kordelband mehrmals um den Schuh und verknoten Sie die Enden miteinander.

Nähen Sie den Zierknopf wahlweise auf den Schuhspitzenteil oder an die Schaftteile und schließen Sie diese.

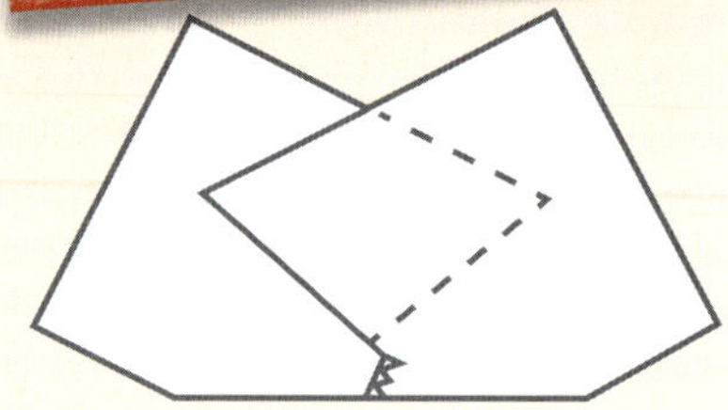

Abb. 4 Nikolostiefel – den Schaft zusammennähen.

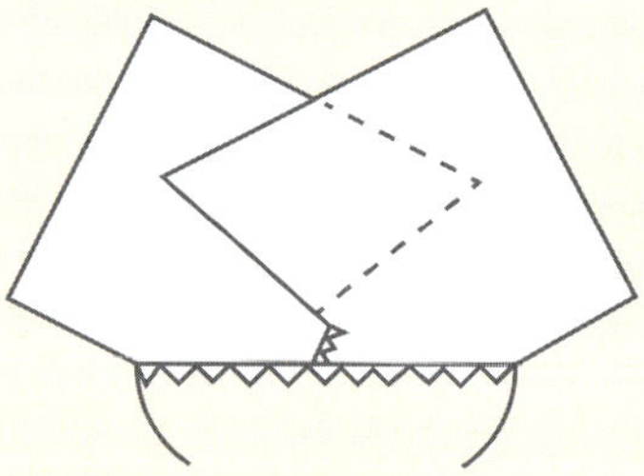

Abb. 5 Nikolostiefel – die Schuhspitze am Schaft festnähen.

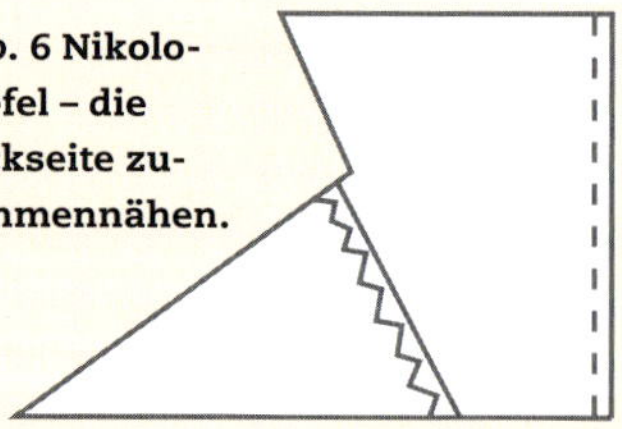

Abb. 6 Nikolostiefel – die Rückseite zusammennähen.

Die stabilen Nikolostiefel aus Filz eignen sich gut zum Befüllen.

Material

* 1 Juteteil, Länge: 70 cm, Breite: 50 cm
* 1 Stoffteil, kariert, Länge: 70 cm, Breite: 50 cm
* 1 Filzteil, dunkelrot, nach Schnittvorlage (Herz)
* Klebevlies
* 1 Zierknopf, Herz
* Kordelschnur, braun, Länge: 40 cm
* Nähseide, weiß

Nüssesack

Höhe: 34 cm, Breite: 34 cm * Schwierigkeitsgrad: 2 * Schnittvorlage siehe Bogen III

Arbeitsschritte

Schneiden Sie die beiden Stoffteile gemäß der Angabe zu und versäubern Sie die Ränder mit Zickzackstich. Das Herz wird einmal aus dunkelrotem Filz nach der Schnittvorlage ohne Nahtzugabe zugeschnitten.

Verstärken Sie das Filzherz mit Klebevlies. Legen Sie den Juteteil mit der Längsseite nach oben auf. Messen Sie von der rechten Seite 20 cm herein und von der Unterkante 10 cm hinauf und nähen Sie das Herz dort mit Zickzackstich auf. Falten Sie nun den Juteteil rechts auf rechts der Breite nach (ergibt ein Maß von 35 x 50 cm) und nähen Sie die Unter- und Seitenkante mit 1 cm Nahtzugabe zusammen. Wiederholen Sie diesen Arbeitsschritt mit dem karierten Stoffteil, wobei Sie hier in der Seitennaht eine Wendeöffnung markieren.

Wenden Sie nur den karierten Stoffteil und stülpen Sie diesen rechts auf rechts in den Juteteil. Stecken Sie die beiden Taschen an der Oberkante zusammen und nähen Sie diese rundum mit 1 cm Nahtzugabe zusammen.

Wenden und bügeln Sie den Sack und schließen Sie die Öffnung von Hand. Krempeln Sie die Oberkante ca. 14 cm nach außen um.

Fädeln Sie die Kordelschnur durch den Zierknopf, binden Sie eine Masche und bringen Sie den Knopf von Hand auf dem Filzherz an.

Material

- 2 Stoffteile, rot-kariert (Herz)
- 2 Stoffteile, rot (Herz)
- 1 Baumwollkordel, dunkelrot, Länge: 40 cm
- 2 Holzperlen, d = 0,5 cm
- Füllwatte
- 1 Rute
- 1 Geschenkband, Breite: 5 cm, Länge: ca. 120 cm
- Nähseide, farblich passend

Eine dekorative Rute rundet das Nikolausgeschenk hübsch ab.

Größe: Herz, groß: 10 cm; Herz, klein: 7 cm
Schwierigkeitsgrad: 1
Schnittvorlage s. Bogen III u. IV

Rute mit Herzanhänger

Arbeitsschritte

Herzen: Legen Sie den Stoff für die Herzen rechts auf rechts, übertragen Sie die Schnittvorlage und schneiden Sie die Herzen mit Nahtzugabe zu. Legen Sie die roten Stoffteile rechts auf rechts aufeinander, fügen Sie die Kordelschnur mittig ein, sodass ein Ende in der Herzmitte mit der Stoffaußenkante abschließt und das andere Ende durch die markierte Wendeöffnung hinausläuft. Nähen Sie das Herz rundum zusammen, schneiden Sie die Nahtzugabe bis auf 3 mm weg und zwicken Sie diese mit der Schere in den Ecken und Rundungen ein. Wenden und bügeln Sie das Herz. Stecken Sie mit Hilfe eines Holzstabes Füllwatte durch die Öffnung und schließen Sie diese von Hand. Fädeln Sie zwei Holzperlen auf die Kordelschnur. Legen Sie nun die beiden rot-karierten Stoffteile rechts auf rechts aufeinander und das zweite Ende der Kordelschnur innen liegend in die Herzmitte hinein.

Die Schnur mit dem roten Herz am anderen Ende läuft wiederum durch die markierte Öffnung zum Wenden zwischen den beiden Stoffteilen hinaus. Wiederholen Sie nun die weiteren Arbeitsschritte. Ziehen Sie die Perlen jeweils zum Herz.

Rute fertigstellen: Legen Sie das Geschenkband um die Rute, hangen Sie das Kordelband mit den Stoffherzen hinein und binden Sie eine große Masche.

Krampussack

Höhe: ca. 29 cm, Breite: ca. 25 cm ✱ Schwierigkeitsgrad: 2 ✱ Schnittvorlage s. Bogen IV

Material

- 1 Stoffteil, beige-gestreift, Länge: 54 cm, Breite: 33 cm (Sack)
- 1 Stoffteil, beige-gestreift, Breite: 4 cm, Länge: 6 cm (Schlaufe)
- 1 Stoffteil, beige-getupft, 15 x 15 cm (Applikation)
- 1 Filz- oder Fleeceteil, dunkelbraun, nach Schnittvorlage (Herz)
- Filzreste, weiß und rot (Kirsche und Mandeln)
- Stickgarn, weiß
- Sticknadel
- Baumwollkordel, beige, Länge: 50 cm
- 1 Zweig (Rute)
- 1 Band, rot, Länge: 10 cm (Rute)
- 1 Schelle, silber (Rute)
- Nähseide, weiß
- Klebstoff

Arbeitsschritte

Schneiden Sie die Stoffteile gemäß der Angabe und das Herz, die Kirsche und die Mandeln nach Schnittvorlage ohne Nahtzugabe zu. Achten Sie beim Zuschnitt auf den Musterverlauf. Die Streifen verlaufen parallel zur Breite. Versäubern Sie die Ränder der Stoffteile mit Zickzackstich.

Applikation: Bügeln Sie beim beige-getupften Stoffteil rundum 1 cm Nahtzugabe auf links. Kleben Sie die Kirsche und die Mandeln auf das Filzherz und nähen Sie dieses mit weißem Stickgarn und Vorstich auf die Applikation auf.

Legen Sie den beige-gestreiften Stoffteil rechts mit der Längsseite nach oben auf (die Streifen verlaufen nun senkrecht). Stecken Sie die Applikation mit der rechten Seite nach oben, 5 cm über der Unterkante mittig auf den gestreiften Stoffteil und steppen Sie diese kantig auf.

Schlaufe: Halbieren Sie den Stoffteil für die Schlaufe rechts auf rechts der Länge nach (ergibt ein Maß von 6 x 2 cm) und nähen Sie die Längsseite füßchenbreit zusammen. Wenden und bügeln Sie die Schlaufe.

Sack: Der Sack wird mit einer französischen Naht gefertigt. Hierzu halbieren Sie den Stoffteil links auf links der Breite nach (ergibt ein Maß von 33 x 27 cm) und nähen Sie die Seite füßchenbreit zusammen. Schneiden Sie die Nahtzugabe bis auf 3 mm weg, wenden Sie den Stoffteil, fügen Sie 12 cm unterhalb der Oberkante die Enden des in eine Schlaufe gelegten Bandes ein und nähen Sie nochmals die Seite füßchenbreit entlang, sodass die Nahtzugabe eingeschlossen ist. Falten Sie den Stoffteil so, dass die rechte Seite oben liegt und sich die Seitennaht hinten in der Mitte befindet. Nähen Sie nun die Unterkante füßchenbreit zusammen, entfernen Sie wiederum die Nahtzugabe bis auf 3 mm, wenden Sie das Säckchen und steppen Sie die Länge der Unterkante nochmals füßchenbreit ab.

Bügeln Sie an der Oberkante zweimal 1 cm Nahtzugabe auf links und steppen Sie die Oberkante füßchenbreit ab. Nähen Sie unterhalb dieser Naht mit Zickzackstich eine Ziernaht. Dieser Stich fixiert die innen liegende Kante der Nahtzugabe.

Fertigstellung: Binden Sie mit dem roten Band eine Masche um die Rute, fädeln Sie dabei die Schelle auf und bringen Sie diese auf der Applikation von Hand an. Fädeln Sie die Baumwollkordel hinten in die Schlaufe und binden Sie den Sack damit zu.

Bringen Sie die Rute und das Lebkuchenherz auf der Applikation an.

In diesem
Sack findet das
Krampusgeschenk
für Klein und
Groß Platz.

Nikolosack

Höhe: 38 cm, Breite: 34 cm * Schwierigkeitsgrad: 2 * Stickvorlage siehe Bogen III

Material

* 1 Stoffteil, rot, Breite: 70 cm, Länge: 40 cm (Sack)
* 1 Stoffteil, rot-gestreift, Breite: 70 cm, Länge: 25 cm (Blende)
* 1 Stoffteil, rot-gestreift, Länge: 10 cm, Breite: 4 cm (Schlaufe)
* 1 Stoffteil, rot-getupft, 18 x 18 cm (Applikation)
* 1 Stoffteil, weiß, 13 x 13 cm (Applikation)
* Baumwollkordel, dunkelrot, Länge: 50 cm, Stärke: 0,5 cm
* Stickgarn, rot
* Sticknadel
* Nähseide, rot und weiß
* Klebevlies

Arbeitsschritte

Schneiden Sie die Stoffteile gemäß der Angabe zu und versäubern Sie die Ränder mit Zickzackstich. Übertragen Sie den Schriftzug auf Klebevlies.

Applikation: Bügeln Sie das Klebevlies auf der linken weißen Stoffseite für die Applikation auf und sticken Sie den Schriftzug mit rotem Stickgarn mit Rückstich nach. Bügeln Sie rundum 1 cm Nahtzugabe auf links und nähen Sie diesen Teil auf den rot-getupften Applikationsteil mit Vorstich 3 mm vom Rand entfernt in der Mitte auf. Bügeln Sie beim rot-getupften Stoffteil rundum 1 cm Nahtzugabe auf links. Falten Sie den roten Sackteil links auf links der Breite nach (ergibt ein Maß von 35 x 40 cm) und fixieren Sie die Applikation mittig 5 cm über der Unterkante (Abbildung 7). Steppen Sie die Applikation kantig auf.

Schlaufe: Halbieren Sie den Stoffteil für die Schlaufe rechts auf rechts der Länge nach (ergibt ein Maß von 10 x 2 cm) und nähen Sie die Längsseite zusammen. Wenden und bügeln Sie die Schlaufe.

Blende: Stecken Sie den rot-gestreiften Stoffteil rechts auf rechts entlang der Oberkante und nähen Sie diesen mit 1 cm Nahtzugabe fest. Bügeln Sie die Naht auseinander.

Fertigstellung: Falten Sie den Sackteil rechts auf rechts, wobei Sie die Blende nach außen klappen. Fügen Sie die Schlaufe 10 cm unterhalb der roten Oberkante in die Seitennaht ein, und zwar so, dass die Schlaufe nach innen ragt und mit den Stoffkanten nach außen abschließt. Nähen Sie die Unterkante sowie die Seite mit 1 cm Nahtzugabe zusammen (Abbildung 8). Wenden Sie den Sack, klappen Sie die Blende nach innen und bügeln Sie diesen. Fädeln Sie die Baumwollkordel in die Schlaufe und binden Sie den Sack damit zu.

Der Nikolosack wird mit der Kordelschnur zugebunden.

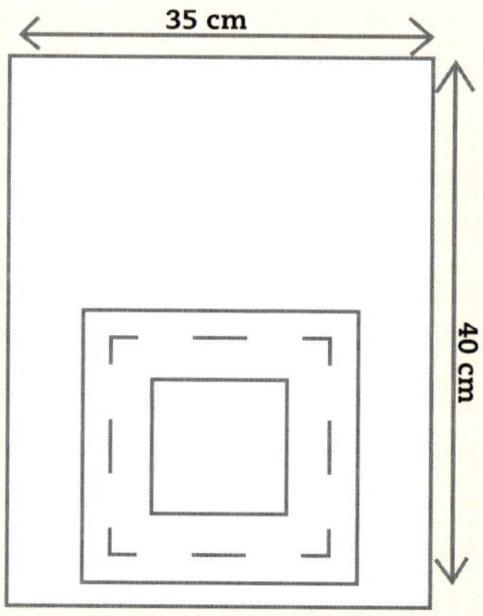

Abb. 7 Applikation aufnähen

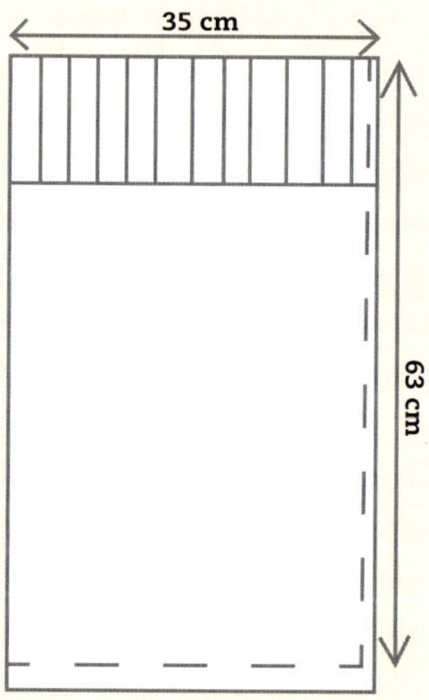

Abb. 8 Seite u. Unterkante zusammennähen

Über diesen eleganten Nikolosack mit der gestickten Applikation freuen sich auch Erwachsene.

Material

* 1 Filzteil, weiß, Stärke: 4 mm (Anhänger)
* 1 Filzteil, braun, Stärke: 4 mm (Herz)
* 1 DIN-A4-Blatt, beige oder bunt
* 1 Satinband, rot, Stärke: 5 mm, Länge: 20 cm
* 1 Spreizkopfniete
* Filzreste, rot und weiß (Kirsche und Mandeln)
* Stickgarn, weiß
* Sticknadel
* Klebstoff

Geschenkanhänger Lebkuchenherz

Höhe: 6 cm, Breite: 5 cm * Schwierigkeitsgrad: 1 * Schnittvorlage siehe Bogen III u. IV

Arbeitsschritte

Anhänger: Schneiden Sie den Anhänger aus weißem und das Herz aus braunem, 4 mm starkem Filz, die Kirsche und die Mandeln aus 2 mm starkem Filz nach Schnittvorlage ohne Nahtzugabe zu. Schneiden Sie den Anhänger nochmals nach Schnittvorlage aus Papier zu.

Legen Sie den Filzanhänger über den Papieranhänger und stechen Sie oben in der Mitte mit einem spitzen Gegenstand durch den Filz und das Papier. Fädeln Sie das Satinband mit einer Nadel durch das Loch hindurch. Danach stecken Sie die Spreizkopfniete hinein und drücken Sie die Metallteile auf der Rückseite auseinander.

Herz: Kleben Sie die Mandeln und die Kirsche auf das Herz und nähen Sie von Hand rundum ca. 3 mm vom Rand entfernt eine Ziernaht mit Vorstich und weißem Stickgarn. Kleben Sie das Herz auf den Anhänger.

Material

* Marzipankartoffeln (Arme, Beine, Hals)
* Kokosstangen (Gesicht, Zunge, Augen)
* Nüsse (Hörner)
* Schaumgebäck (Bauch)
* Toffifee (Schuhe)
* Traubenzuckerkette mit Band
* Zahnstocher und Schaschlikstäbchen
* Cellophansackerl

Kinderkrampus aus Marzipan

Höhe: ca. 15 cm * Schwierigkeitsgrad: 1

Arbeitsschritte

Halbieren Sie ein Schaschlikstäbchen und stecken Sie die Toffifee als Schuhe und die Marzipankartoffeln als Beine darauf.

Fixieren Sie die oberen Beinenden durch das Schaumgebäck. Fädeln Sie auf zwei Zahnstocher die Marzipankartoffeln und stecken Sie diese als Arme in das Schaumgebäck. Kneten Sie die braune Kokosstange zu einem Kopf und fixieren Sie diesen mit einer Marzipankartoffel auf einem Zahnstocher im Schaumgebäck. Formen Sie aus der roten Kokosstange eine Zunge und aus der weißen Kokosstange zwei Augen und drücken Sie diese ins Gesicht. Stecken Sie die Nüsse als Hörner auf. Binden Sie die Kette mit dem Traubenzucker an den Armen fest.

Geben Sie den Krampus in ein Cellophansackerl, damit dieser frisch und appetitlich bleibt, und binden Sie es mit einem Band zu.

Backstube

Kapitel 4

D Der Küche kommt in der Weihnachtzeit eine besondere Bedeutung zu. Was könnte besser auf das bevorstehende Weihnachtsfest einstimmen, als das durch das Haus ziehende Aroma von Zimt, Nelken und Kardamom. Der Duft verströmt wohlig-warme Geborgenheit und weckt so manche Kindheitserinnerung in uns. Besonders Kinder, aber auch viele Erwachsene können es kaum erwarten, die ersten Weihnachtskekse zu backen und davon zu naschen. Das Backen versüßt uns die Wartezeit auf das Christkind.

Mein Tipp

In diesem Kapitel stelle ich Ihnen ein komplettes Weihnachtsoutfit für Sie und Ihre Küche vor. Nebst dem Duft von Lebkuchen werden sich auch Ihre Augen an dem weihnachtlichen Ambiente erfreuen. Da Weihnachten ein Fest der Vorbereitung und Organisation ist, wird Ihnen der Weihnachtsplaner eine große Hilfe sein. Die Erledigungen in letzter Minute reduzieren sich dadurch auf ein Minimum. Hier können Sie die zu Beschenkenden sowie besondere Vorlieben der einzelnen Personen und etwaige Geschenksideen, die Sie im Laufe des Jahres sammeln, festhalten. Außerdem lassen sich Termine und Telefonnummern, etwa für die Nikolausbestellung oder familiäre Zusammentreffen, eintragen. Rezepte für die Weihnachtsbäckerei finden ebenso Platz wie die Aufzeichnungen über diverse Ausgaben. Dieser Weihnachtsplaner ist ebenfalls mit etwas Kreativität in einen Hochzeits- oder Haushaltsplaner umzuwandeln. Sie werden sehen, wie einfach es ist, Feste perfekt zu organisieren.

Geschenkidee

Warum immer Geschenke kaufen? Selbstgemachte persönliche Geschenke finden oftmals weitaus mehr Anklang. Beglücken Sie Ihre Kollegen und Nachbarn doch einmal mit einem Säckchen, gefüllt mit selbstgebackenen und verzierten Lebkuchen. Sie werden sehen, dass die Freude darüber groß sein wird, und nebst dem Backspaß werden Sie noch Bewunderung für Ihre Geschicklichkeit ernten.

Hier finden
Sie nützliche
Ideen für die
Weihnachtsküche.

Aufhänger »Backstube«

Höhe: 45 cm, Breite: 70 cm, Buchstabenhöhe: ca. 12 cm
Schwierigkeitsgrad: 1 * Schnittvorlage siehe Bogen III, IV u. V

Material

* Fleece, braun
* Füllwatte
* 1 Kordelschnur, weiß, Länge: 2 m (zum Aufhängen der Buchstaben)
* 1 Kordelschnur, weiß, Länge: 1 m (Aufhängeband)
* Holzstab, d = 0,5 cm, Länge: 70 cm (Aufhängestange)
* 2 Holzkugeln, d = 3 cm
* Zackenborte, weiß
* Stickgarn, weiß
* Sticknadel
* Filzreste, rot und weiß, Stärke: 2 mm
* 2 Perlen, weiß (Augen für Teddy)
* Basteldraht, ca. 2 m
* Perlen und Sterne zum Auffädeln
* Klebepistole, Klebstoff
* 3 Bänder, kariert, Länge: je 25 cm
* Nähseide, weiß und braun
* Klebevlies

Zuschnitt

9 Buchstaben (je zwei Stück), nach Schnittvorlage
2 Herzteile, nach Schnittvorlage
2 Sternteile, nach Schnittvorlage
4 Rechtecke, nach Schnittvorlage
2 Teddyteile, nach Schnittvorlage
16 Mandeln, Filz, weiß, nach Schnittvorlage
4 Kirschen, Filz, rot, nach Schnittvorlage

Arbeitsschritte

Buchstaben: Legen Sie den braunen Fleecestoff rechts auf rechts, übertragen Sie die Buchstaben und die Anhänger (Herz, 2 x Rechteck, Stern und Teddy) und schneiden Sie die Buchstaben ohne Nahtzugabe und die Anhänger mit Nahtzugabe zu. Übertragen Sie die Ohren und den Mund vom Teddy auf Klebevlies und bügeln Sie dieses links auf einen Fleeceteil auf.

Legen Sie die Buchstaben links auf links und nähen Sie diese rundherum mit weißem Stickgarn und Schlingenstich zusammen. Bevor Sie die Buchstaben komplett schließen, füllen Sie diese noch mit Füllwatte. Befestigen Sie die Buchstaben von Hand auf der Kordelschnur und wickeln Sie die Schnur um den Holzstab. Kleben Sie die beiden Holzkugeln mit Heißwachs an den Enden des Stabes fest.

Aufhänger: Nähen Sie beim Herz, beim Stern und bei den Rechtecken, 1 cm von der Nahtzugabe hineingerückt, die Zackenborte rundum auf eine rechte Stoffseite auf. Beim Teddy nähen Sie die Borte an den Armen und Beinen auf und sticken Mund und Ohren mit weißem Stickgarn nach. Legen Sie jeweils die beiden Stoffteile rechts auf rechts aufeinander, markieren Sie eine Wendeöffnung und nähen Sie die Aufhänger rundum zusammen. Schneiden Sie die Nahtzugabe in den Ecken und Rundungen mit der Schere ein und wenden Sie die Aufhänger. Füllen Sie diese mit Füllwatte und schließen Sie die Öffnung von Hand. Kleben Sie die Filzkirschen und die weißen Mandeln auf. Beim Teddy binden Sie ein kariertes Band zur Masche und nähen Sie diese sowie die zwei weißen Perlen als Augen auf.

Fertigstellung: Biegen Sie den Draht um einen Stab in eine Spirale. Stecken Sie hierbei vereinzelt Holzsterne, Perlen etc. hinauf. Biegen Sie die Enden des Basteldrahtes zu einem Haken und hängen Sie diese auf der Aufhängestange ein. Nähen Sie die Lebkuchenaufhänger mit der Rückseite auf dem Draht fest. Mit einem Tupfer Heißwachs können Sie diese evtl. besser fixieren.

Befestigen Sie das Aufhängeband rechts und links neben den Holzkugeln an der Aufhängestange. Auch hier können Sie das Band evtl. mit Heißwachs fixieren, um ein Verrutschen zu verhindern. Danach binden Sie die karierten Bänder um die Drahtenden.

Nähen Sie die Zackenborte auf die Aufhänger auf.

Dieser Aufhänger für die Küche macht Lust aufs Backen.

Bekleben Sie die Lebkuchenanhänger mit Kirschen und Mandeln.

Kochmütze, größenverstellbar

Größe: Kopfumfang: 50 bis 58 cm * Schwierigkeitsgrad: 2 * Schnittvorlage s. Bogen IV u. V

Material

* 1 Stoffteil, weiß, nach Schnittvorlage (Mütze)
* 1 Stoffteil, weiß, nach Schnittvorlage (Mützenrand)
* 2 Schrägbänder, dunkelrot, Länge: 40 cm (Bänder für Größenverstellbarkeit)
* 2 Schrägbänder, dunkelrot, Länge: 10 cm (Rundung Mützenrand)
* 1 Schrägband, dunkelrot-kariert, Länge: 60 cm (Mützenrandeinfassung)
* Stickgarn, dunkelrot
* Sticknadel
* Nähseide, dunkelrot und weiß

Die Rückseite der Kochmütze mit dem Band für die Größenverstellung

Arbeitsschritte

Schneiden Sie die Stoffteile nach Schnittvorlage mit Nahtzugabe aus weißem Baumwollstoff und die Schrägbänder gemäß der Angabe zu. Versäubern Sie die Ränder mit Zickzackstich.

Mützenrand vorbereiten: Fassen Sie mit den dunkelroten Schrägbändern (10 cm) die Rundungen an beiden Enden und mit dem karierten Schrägband die Unterkante des Mützenbandes ein und steppen Sie diese kantig auf.

Falten Sie das Mützenband rechts auf rechts der Breite nach und nähen Sie die Seite zusammen.

Mütze zusammennähen: Legen Sie beim runden Stoffteil für die Mütze die Falten, wie auf der Schnittvorlage eingezeichnet (insgesamt 10 Falten), und fixieren Sie diese mit Stecknadeln.

Stecken Sie den Mützenrand mit der Oberkante (beginnen Sie mit der Seitennaht in der Mitte der Rückseite wie auf der Schnittvorlage eingezeichnet) auf den runden Stoffteil rechts auf links auf und nähen Sie die Mütze rundum zusammen.

Mütze fertigstellen: Halbieren Sie die beiden dunkelroten Schrägbänder für die Größenverstellbarkeit (40 cm) der Länge nach und steppen Sie diese kantig ab. Die Bänder werden auf der linken Stoffseite des Mützenrandes, und zwar 3 cm unterhalb der Oberkante und 4 cm rechts und links von der Mützenrandseitennaht entfernt, aufgenäht. Klappen Sie den Mützenrand 8 cm nach außen. Sticken Sie in diesen mit dunkelrotem Stickgarn im Abstand von je 1 cm Kreuze ein. Ziehen Sie die beiden Schrägbänder für die Größenverstellbarkeit durch die Mützenrandrundung und binden Sie diese zu einer Masche.

Diese genähte Kochmütze eignet sich für kleine und große Backprofis.

Kochschürze

Länge: 75 cm, Breite: 65 cm * Schwierigkeitsgrad: 1 * Schnittvorlage siehe Bogen IV u. VI

Material

* 1 Stoffteil, weiß-kariert, nach Schnittvorlage (Schürze)
* 1 Stoffteil, dunkelrot, 30 x 35 cm (Tasche)
* 1 Filzteil, weiß, nach Schnittvorlage (Reh)
* Klebevlies
* 1 Stoffteil, weiß, 40 x 5 cm (Zierleiste oben)
* 2 Schrägbänder, dunkelrot, Länge: 40 cm (Zierleiste oben)
* 4 Stoffteile, dunkelrot, 75 x 6 cm (Bänder seitlich)
* 2 Stoffteile, dunkelrot, Breite: 6 cm und errechnete Länge (Nackenband)
* Stickgarn, weiß und dunkelrot
* 1 Sticknadel
* 1 Klettverschluss, weiß, Länge: 4 cm, Breite: 2 cm
* Nähseide, weiß und dunkelrot

Berechnung der Länge des Nackenbandes

Um die Länge für das Nackenband zu berechnen, messen Sie mit dem Maßband beginnend von einer Seite in der Höhe des Brustbeines über den Nacken zur anderen Seite. Rechnen Sie zu dieser Länge nochmals 2 cm Nahtzugabe und 4 cm Klettverschluss-Überlappung dazu.

Sie können die Schnittvorlage für die Schürze nach der gewünschten Länge und Breite anpassen.

Arbeitsschritte

Schneiden Sie den Schürzenteil nach der Schnittvorlage mit Nahtzugabe zu. Die übrigen Teile werden nach Schnittvorlage und gemäß der Angabe ohne Nahtzugabe zugeschnitten. Übertragen Sie die Stickvorlage auf Klebevlies und versäubern Sie die Ränder der Stoffteile mit Zickzackstich.

Zierleiste oben: Sticken Sie auf der rechten Seite des weißen Stoffstreifens für die Zierleiste waagrecht Kreuze aus dunkelrotem Stickgarn mit einem Abstand von 1 cm mittig auf. Fassen Sie die Längen dieses Stoffstreifens mit den Schrägbändern ein und steppen Sie ihn 8 cm unterhalb der Schürzenoberkante links auf rechts auf.

Tasche: Legen Sie den dunkelroten Taschenteil rechts mit der Längsseite nach oben auf. Bügeln Sie an der Oberkante 3 cm Nahtzugabe auf links und steppen Sie diese 2 cm unterhalb ab.

Bügeln Sie das Klebevlies mit der Stickvorlage mittig auf die linke Taschenseite. Sticken Sie die Bodenwelle und vereinzelte Schneeflocken auf die Tasche. Verstärken Sie das Reh mit Klebevlies und nähen Sie dieses mit rotem Stickgarn und Vorstich über der Bodenwelle auf der rechten Taschenseite auf.

Bänder: Legen Sie die Bänder für die Schürze und das Nackenband rechts auf rechts, markieren Sie eine Wendeöffnung und nähen Sie diese mit 1 cm Nahtzugabe rundum zusammen. Wenden und bügeln Sie die Bänder und schließen Sie die Öffnungen von Hand.

Schürze fertigstellen: Bügeln Sie beim Schürzenteil rundum 2 x 1 cm Nahtzugabe auf links und steppen Sie diese füßchenbreit ab.

Nähen Sie die seitlichen Schürzenbänder in einem Quadrat von 4 x 4 cm auf die Vorderseite der Schürze unterhalb der Armschräge auf.

Trennen Sie das Klettband und steppen Sie den Hakenteil an einem Ende des Nackenbandes und den Flauschteil auf der Rückseite der Schürze 1 cm von der Ober- und linken Seitenkante entfernt senkrecht auf. Das zweite Ende des Nackenbandes steppen Sie im Quadrat von 4 x 4 cm auf der Rückseite der Schürze 1 cm von der Ober- und rechten Seitenkante entfernt auf.

Zum Aufnähen der Tasche messen Sie 30 cm von der Oberkante hinunter und platzieren Sie diese mittig. Bügeln Sie an den Seiten und an der Unterkante 1 cm Nahtzugabe auf links und steppen Sie die Tasche füßchenbreit auf. Die Oberseite bleibt offen.

Mit dieser Kochschürze für die Winterzeit macht das Backen besonders viel Spaß!

Keksausstechersack

Höhe: 30 cm, Breite: 32 cm * Schwierigkeitsgrad: 1 * Schnittvorlage siehe Bogen IV

Material

* 2 Stoffteile, dunkelrot-gestreift, Länge: 34 cm, Breite: 34 cm (Sack)
* 1 Stoffteil, weiß, nach Schnittvorlage (Latz)
* 1 Schrägband, dunkelrot (Latzeinfassung)
* Klebevlies
* Stickgarn, dunkelrot
* Sticknadel
* 2 Schrägbänder, dunkelrot, Länge: je 70 cm (Tunnelzug)
* Nähseide, weiß und dunkelrot

Arbeitsschritte

Schneiden Sie die zwei dunkelrot-gestreiften Stoffteile gemäß der Angabe und den weißen Stoffteil nach Schnittvorlage ohne Nahtzugabe zu und versäubern Sie die Ränder mit Zickzackstich.

Latz vorbereiten: Übertragen Sie das Stickmotiv auf das Klebevlies und bügeln Sie es mittig auf die linke Stoffseite des weißen Stoffteiles auf. Sticken Sie die Motive mit dunkelrotem Stickgarn und Rückstich nach. Fassen Sie die Rundung mit dem Schrägband ein und steppen Sie dieses kantig auf.

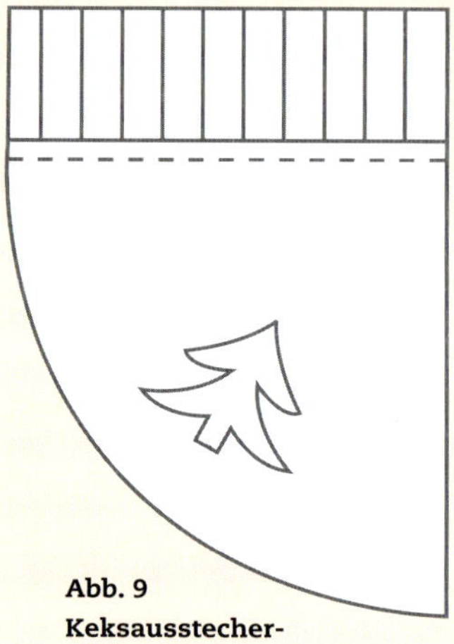

Abb. 9 Keksausstechersack – die neue Oberkante bügeln und absteppen.

Tunnelzug vorbereiten: Legen Sie den Latz rechts auf rechts mittig auf die Oberkante eines dunkelrot-gestreiften Stoffteiles. Achten Sie dabei auf den Musterverlauf (die Streifen verlaufen senkrecht) und nähen Sie die beiden Teile mit 1 cm Nahtzugabe an der Oberkante zusammen. Klappen Sie die beiden Stoffteile links auf links zusammen und bügeln Sie beim dunkelrot-gestreiften Stoffteil eine neue Oberkante, und zwar so, dass der Latz 2 cm darunter ist (siehe Abbildung 9).

Klappen Sie die Nahtzugabe vom Latz nach oben und steppen Sie den Tunnelzug entlang der Latznaht ab. Nehmen Sie den zweiten dunkelrot-gestreiften Stoffteil zur Hand, bügeln Sie an der Oberkante (die Streifen verlaufen wieder senkrecht) 1 cm und nochmal 2 cm auf links und steppen Sie den Überschlag für den Tunnelzug kantig ab.

Fertigstellung: Legen Sie die beiden Stoffteile rechts auf rechts, markieren Sie an den Seiten die Öffnung für den Tunnelzug und nähen Sie den Sack rundum mit 1 cm Nahtzugabe zusammen. Die Oberkante bleibt offen. Wenden und bügeln Sie den Sack.

Für die Tunnelzugbänder halbieren Sie die Schrägbänder der Länge nach, bügeln sie an den Enden 1 cm auf links und steppen Sie diese kantig ab.

Ziehen Sie die Bänder mit einer Haarspange in den Tunnelzug und zwar so, dass das erste Band auf der linken Seite eingezogen wird und dort auch wieder herauskommt. Wiederholen Sie diesen Arbeitsschritt mit dem zweiten Band auf der rechten Seite und verknoten Sie jeweils die beiden Enden miteinander.

Gedicht

Plätzchenduft zieht durch das Haus,
versperrt sind manche Schränke.
Es weihnachtet, man kennt sich aus,
und wohlsortiert sind die Geschenke.
(Unbekannt)

Das hübsche Säckchen für Ihre Ausstechformen eignet sich gut für die Aufbewahrung.

Lebkuchen-Geschenktäschchen

Höhe: 11 cm, Breite: 10 cm ✱ Schwierigkeitsgrad: 2

Material

- ✱ 2 Stoffteile, rot-gestreift, Länge: 16 cm, Breite: 12 cm (Außentasche)
- ✱ 2 Stoffteile, dunkelrot, Länge: 16 cm, Breite: 12 cm (Innenfuttertasche)
- ✱ Stoffreste mit Weihnachtsmotiv (Applikation)
- ✱ Stoffrest, weiß (Applikation)
- ✱ Stickgarn, weiß
- ✱ Sticknadel
- ✱ Nähseide, farblich passend

Arbeitsschritte

Schneiden Sie die vier Stoffteile gemäß der Angabe zu und versäubern Sie die Ränder mit Zickzackstich. Achten Sie auf den Musterverlauf. Die Streifen verlaufen parallel zur Länge.

Schneiden Sie für die Applikation ein Weihnachtsmotiv rechteckig, quadratisch oder oval aus, wobei die Abmessung maximal 6 x 6 cm betragen darf. Nehmen Sie einen weißen Stoffrest und schneiden Sie diesen in der gleichen Größe zu.

Applikation: Legen Sie die beiden Stoffteile rechts auf rechts und steppen Sie diese rundum füßchenbreit mit Stichgröße 1 zusammen. Schneiden Sie die Nahtzugabe bis auf 3 mm weg und zwicken Sie diese in den Rundungen und an den Ecken mit der Schere ein.

Schneiden Sie auf der Rückseite der Applikation mit der Schere eine ca. 2 cm große Öffnung in den weißen Stoffteil und wenden Sie die Applikation (siehe Kapitel „Allgemeines", S. 10).

Säckchen: Legen Sie die gestreiften Stoffteile rechts auf rechts aufeinander und nähen Sie diese an den beiden Längsseiten und an der Unterkante mit 1 cm Nahtzugabe zusammen. Die Oberkante bleibt offen. Wiederholen Sie diesen Arbeitsschritt mit den beiden roten Stoffteilen, wobei Sie hier seitlich eine Wendeöffnung markieren.

Wenden Sie nun die Futtertasche, fädeln Sie das weiße Stickgarn in die Nadel und nähen Sie die Kreuze 2,5 cm unterhalb der Oberkante im Abstand von 1 cm auf die rechte Stoffseite von Hand auf.

Stecken Sie die Futtertasche rechts auf rechts in die Außentasche und nähen Sie diese mit 1 cm Nahtzugabe entlang der Oberkante zusammen. Wenden und bügeln Sie das Säckchen und schließen Sie die Öffnung von Hand. Stülpen Sie 3 cm der Futtertasche nach außen

Bügeln Sie die Applikation und nähen Sie diese auf die rechte Seite eines Außentaschenteiles mittig mit weißem Stickgarn und Schlingenstich auf.

Stecken Sie einen Reisigzweig zum Lebkuchen in das Geschenktäschchen dazu.

Maronitüte

Höhe: ca. 30 cm * Schwierigkeitsgrad: 2 * Schnittvorlage siehe Bogen IV, V u. VIII

Material

* 1 Stoffteil, weiß, nach Schnittvorlage (Innentüte)
* 1 Stoffteil, getupft, nach Schnittvorlage (Außentüte)
* Klebevlies
* Nähseide, farblich passend
* Sticknadel

Material für den Schneemann

* Filz, weiß (Schneemann)
* Filz, grau (Hut, Schal)
* Filz, dunkelblau (Herz)
* Stickgarn, weiß und schwarz
* 1 Zierknopf
* 1 Perle, orange (Nase des Schneemannes)

Material für die Ecke mit Herz

* Filz, grau (Ecke)
* Filz, dunkelblau (Herz)
* Stickgarn, weiß

Arbeitsschritte

Schneiden Sie für die Tüte jeweils einen Stoffteil in Weiß und einen in Blau-getupft nach Schnittvorlage ohne Nahtzugabe zu. Verstärken Sie den getupften Stoffteil mit Klebevlies und übertragen Sie für die Schneemanntüte auch die Stickvorlage für die Girlande.

Verzierung Schneemann: Schneiden Sie den Schneemann, den Schal, den Hut und das Herz aus Filz nach Schnittvorlage ohne Nahtzugabe zu. Übertragen Sie die Stickvorlage auf Klebevlies und bügeln Sie dieses auf die linke Schneemannseite. Sticken Sie die Augen, den Mund und die Kreuze auf dem Bauch mit schwarzem Garn und Rückstich nach. Fixieren Sie die Teile mittig auf der rechten Außentütenseite und nähen Sie diese mit weißem Stickgarn und Schlingenstich an. Nähen Sie das Hutband mit schwarzem Stickgarn fest. Sticken Sie die Girlande zum Herz und nähen Sie dieses von Hand mit Vorstich auf der Tüte fest. Befestigen Sie die orange Perle als Nase und den Zierknopf auf dem Schal.

Verzierung Herz: Schneiden Sie die graue Filzecke und das blaue Herz nach Schnittvorlage zu und nähen Sie beides mit weißem Stickgarn und Vorstich mittig auf die Tüte.

Tüte: Klappen Sie erst den weißen Stoffteil rechts auf rechts und nähen Sie die Seite füßchenbreit zusammen. Wiederholen Sie diesen Arbeitsschritt mit dem blau-getupften Stoffteil.

Bügeln Sie die Nahtzugaben auseinander und wenden Sie nur die weiße Tüte. Stecken Sie diese rechts auf rechts in die blau-getupfte Tüte und fixieren Sie die beiden Teile entlang der Oberkante. Markieren Sie eine Wendeöffnung. Nähen Sie die beiden Tüten an der Oberkante füßchenbreit zusammen.

Wenden und bügeln Sie die Tüte. Schließen Sie die Öffnung von Hand oder nähen Sie mit der Nähmaschine entlang der Oberkante eine Fixiernaht, mit der Sie automatisch die Öffnung schließen.

Nähen Sie die Applikationen mit verschiedenen Stichen auf.

Maroni schmecken
aus diesen Tüten
einfach besser.

Weihnachtsplaner

Schwierigkeitsgrad: 3 * Schnittvorlage siehe Bogen IV, VI u. VII

Material

* 1 Spiralheft
* 1 Stoffteil, rot-gestreift, 2/3 der berechneten Höhe (Außenhülle)
* 1 Stoffteil, dunkelrot, 1/3 der berechneten Höhe (mindestens jedoch 10 cm, Außenhülle)
* 1 Stoffteil, dunkelrot, nach Berechnung (Innenhülle)
* 2 Stoffteile, weiß, nach Schnittvorlage (Applikation)
* 2 Stoffteile, dunkelrot, nach Schnittvorlage (Herz)
* Füllwatte
* Klebevlies
* 1 Schrägband, weiß, in errechneter Breite der Außenhülle
* 1 Filzteil, braun, nach Schnittvorlage (Reh)
* Stickgarn, dunkelrot, schwarz und weiß
* Sticknadel
* 1 Silberstern zum Aufnähen
* 1 Band, rot-kariert, Länge: 10 cm
* 1 Kordel-Schnur, dunkelrot, in errechneter Länge
* Klebstoff
* Nähseide, farblich passend

Für diesen Weihnachtsplaner habe ich einen DIN-A5-Spiralblock verwendet, da dieser offen liegen bleibt und nicht ständig von selbst zuklappt. Besonders praktisch ist dies bei Kochrezepten.

Arbeitsschritte

Zuschnitt der Stoffteile: Schneiden Sie die Stoffteile für die Außenhülle und die Innenhülle gemäß der Angabe und Ihrer Berechnung zu und versäubern Sie diese rundum mit Zickzackstich. Legen Sie den Stoff für das Herz und die Applikation rechts auf rechts und schneiden Sie diese einmal nach der Schnittvorlage mit Nahtzugabe zu. Das Reh schneiden Sie einmal aus braunem Filz nach Schnittvorlage zu. Übertragen Sie die Stickvorlagen auf Klebevlies.

Vorbereitung der Außenhülle: Bügeln Sie das Klebevlies mit dem Schriftzug auf die linke Stoffseite des dunkelroten Zuschnittes für die Außenhülle auf. Beachten Sie, dass das Klebevlies auf der linken Stoffseite links mit entsprechendem Abstand zur Unterkante und zu der Seite (10 cm Einschlag berücksichtigen) platziert wird. Sticken Sie den Schriftzug mit weißem Stickgarn mit Rückstich nach. Halbieren Sie das Schrägband der Länge nach und bügeln Sie dieses. Legen Sie den dunkelroten Stoffteil rechts mit dem Schriftzug und der Längsseite nach oben auf. Legen Sie den gestreiften Außenstoffteil rechts auf rechts entlang der Oberkante darüber, fügen Sie das Schrägband zwischen den beiden Stoffteilen ein, sodass die Schrägbandkante nach innen zeigt, und nähen Sie die Länge mit 1 cm Nahtzugabe zusammen. Bügeln Sie die Naht auseinander und an den Seiten der Außenhülle jeweils 1 cm und nochmals 1 cm Nahtzugabe auf links und steppen Sie diese füßchenbreit ab.

Applikation: Legen Sie die beiden Kreise für die Applikation rechts auf rechts und steppen Sie diese rundum mit Stichgröße 1 zusammen. Schneiden Sie die Nahtzugabe bis auf 3 mm weg und zwicken Sie diese mit der Schere mehrmals ein. Schneiden Sie auf der Rückseite der Applikation mit der Schere eine ca. 2 cm große Öffnung und wenden Sie durch diese die Applikation (siehe Kapitel „Allgemeines", S. 10). Bügeln Sie die Applikation und nähen Sie diese mit rotem Stickgarn mit Vorstich über dem Schriftzug auf den gestreiften Außenhüllenteil mittig auf. Sticken Sie außerdem die Spirale rechts von der Applikation mit Rückstich nach.

Herz: Bügeln Sie das Klebevlies für den Schneestern auf eine linke Stoffseite und sticken Sie diesen mit weißem Stickgarn mit Rückstich nach. Legen Sie die beiden Stoffteile rechts auf rechts und markieren Sie eine Wendeöffnung. Fügen Sie das erste Ende der Kordelschnur zwischen den Stoffteilen in die Herzmitte ein, sodass dieses mit der Stoffaußenkante abschließt und das zweite Ende bei der markierten Wendeöffnung herausführt. Nähen Sie das Herz rundum mit Stichgröße 1 zusammen. Zwicken Sie mit der Schere die Nahtzugabe in den Ecken und Rundungen ein und wenden Sie das Herz. Füllen Sie dieses mit Füllwatte und schließen Sie die Öffnung von Hand.

Fertigstellung: Legen Sie den Außenhüllenstoffteil mit der rechten Seite und dem Schriftzug nach oben auf. Schlagen Sie an beiden Seiten 10 cm rechts auf rechts ein. Fügen Sie das Ende der Kordelschnur mittig an der Oberkante ein. Das Herz liegt innen. Legen Sie den zweiten Stoffteil rechts auf rechts darüber und nähen Sie die Längsseiten mit 1 cm Nahtzugabe zusammen. Wenden Sie das Werkstück und bringen Sie dieses in Form.

Schneiden Sie das Reh aus braunem Filz zu, sticken Sie weiße Tupfen auf den Rücken und ein schwarzes Auge ins Gesicht. Legen Sie ihm das karierte Band um den Hals und kleben Sie das Reh auf die Applikation. Nähen Sie den Silberstern von Hand auf. Stecken Sie den Spiralblock mit den Außenseiten in die Hülle.

Organisieren Sie Ihr Familienfest mit diesem Weihnachtsplaner.

Berechnung

Messen Sie die Höhe und die Breite (Vorderseite, Heftrücken, Rückseite) des Spiralheftes ab und rechnen Sie in der Höhe 4 cm Nahtzugabe und in der Breite 20 cm (Nahtzugabe und Einschlag) hinzu. Das ergibt die Außenhülle. In der Höhe werden 4 cm Nahtzugabe hinzugerechnet, da der Umschlag auf der Außenseite aus zwei verschiedenen Stoffteilen besteht.
Für den zweiten Stoffteil nehmen Sie die Höhe und die Breite (Vorderseite, Heftrücken, Rückseite) des Spiralheftes und rechnen Sie in der Höhe nur 2 cm Nahtzugabe hinzu. Das wird die Innenhülle.
Für die Kordelschnur benötigen Sie einmal die Höhe plus 5 cm.

Advent-besinnung

Kapitel 5

In vielen österreichischen Familien wird noch die Adventbesinnung gepflegt. Man trifft sich mit Freunden und Verwandten, um gemeinsam Weihnachtslieder zu singen, Gedichte vorzutragen und Geschichten zu lesen oder zu erzählen. Dabei werden die Kerzen auf dem Adventkranz angezündet. Umgeben von einem stilvoll dekorierten Ambiente, dem Duft von Tannenzweigen und der Bäckerei kommen Erinnerungen an Gerüche, Geheimnisse und Kindheitserlebnisse zu Tage. Damit Ihr gemütliches Beisammensein zu einem Fest der Sinne wird, habe ich mir kreative Ideen für den Teetisch einfallen lassen.

Geschenkidee

* Schenken Sie einen solchen Fotorahmen mit einem Bild von Ihrer Familie, Ihren Kindern etc.
* Füllen Sie die Tee-/Keksedose mit selbstgetrocknetem Tee oder selbstgebackenen Keksen im Cellophansackerl.

Mein Tipp

Gerade in der Adventzeit werden häufig rote Kerzen auf die Fensterbank gestellt, um an geliebte Verstorbene zu erinnern. Besonders nett ist es, wenn Sie Ihre verstorbenen Angehörigen auch in die Adventbesinnung mit einbeziehen. Hierfür habe ich einen Fotorahmen genäht, der sich, versehen mit dem Bild, derer man gedenken möchte, nett auf dem Adventtisch einfügt.

Weihnachtliche Tischdekoration für Ihren Adventtisch

Material für 1 Häferl

- 1 Wollstoff, grau, nach Berechnung
- 1 Perle, rot
- 1 Kordelschnur, Länge: ca. 50 cm
- Filz, weiß, nach Schnittvorlage (Stern)
- Klebevlies
- Stickgarn, grau
- Sticknadel
- Klettband, weiß, Länge: berechnete Höhe, Breite: 2 cm
- Nähseide, farblich passend

Berechnung

Messen Sie die Höhe der Griffinnenseite, das ist Ihre Breite, und den Umfang plus 2 cm Klettverschlussüberlappung. Wollstoff franst nicht aus, deshalb benötigen Sie keine Nahtzugabe.

Punsch- und Teehäferlwärmer

Schwierigkeitsgrad: 1 * Schnittvorlage s. Bogen IV

Arbeitsschritte

Schneiden Sie einen Streifen Wollstoff nach Ihrer Berechnung zu. Nähen Sie mit grauem Stickgarn entlang der Ober- und Unterkante 0,5 cm vom Rand entfernt eine Ziernaht mit Vorstich.

Trennen Sie das Klettband und stecken Sie die Teile an der Außenkante der Breitseiten senkrecht auf. Steppen Sie das Flauschband auf der Vorderseite und das Hakenband gegenüber auf der Rückseite kantig auf. Geben Sie den Wärmer auf das Häferl.

Schneiden Sie den Filzstern aus und verstärken Sie diesen mit Klebevlies. Fädeln Sie den Stern und die rote Perle auf die Kordelschnur und binden Sie diese über dem Wollstoff fest.

Material

* Stoffreste, grau-weiß, gestreift, kariert und einfarbig, nach Schnittvorlage (Stern)
* Füllwatte
* Holzperlen, weiß, d = 1 cm
* Band zum Auffädeln
* Nähseide, weiß und grau

Berechnung

Messen Sie den Umfang Ihres Kerzenglases. Ein Stern hat eine Breite von ca. 6 cm. Somit können Sie sich ausrechnen, wie viele Sterne Sie benötigen. Berücksichtigen Sie, dass auch die Holzperlen dazwischen etwas Platz einnehmen.

Sterngirlande für ein Kerzenglas

Schwierigkeitsgrad: 1 * Schnittvorlage s. Bogen IV

Arbeitsschritte

Legen Sie den Stoff rechts auf rechts, übertragen Sie den Stern und schneiden Sie diesen nach Schnittvorlage mit Nahtzugabe zu. Markieren Sie eine Wendeöffnung und nähen Sie den Stern rundum zusammen. Schneiden Sie die Nahtzugabe bis auf 3 mm weg, schneiden Sie die Ecken mit der Schere ein und wenden Sie den Stern.

Füllen Sie diesen mit Füllwatte und schließen Sie die Öffnung von Hand.

Wiederholen Sie diese Arbeitsschritte für die weiteren Sterne.

Fertigstellung: Fädeln Sie ein Band in die Sticknadel und stechen Sie waagrecht durch den ersten Stern. Fädeln Sie nun abwechselnd eine Perle und einen Stern auf. Zum Schluss verknoten Sie die beiden Enden des Bandes miteinander und ziehen eine Perle über den Knoten.

Fotorahmen

Höhe: 20 cm, Breite: 14 cm * Schwierigkeitsgrad: 2 * Schnittvorlage s. Bogen IV u. VI

Material

* 2 Stoffteile, grau-gestreift, nach Schnittvorlage (Passepartout)
* 1 Stoffteil, grau-gestreift, Länge: 52 cm, Breite: 16 cm
* 1 Stoffteil, grau-kariert, Länge: 52 cm, Breite: 16 cm
* 2 dünne Kartons, Länge: 20 cm, Breite: 14 cm
* Filz, rot, nach Schnittvorlage (Herz)
* Klebevlies
* Stickgarn, weiß
* Sticknadel
* Nähseide, weiß

Dieser Fotorahmen ist für Fotos bis zu einer Größe von 20 x 14 cm geeignet. Das sichtbare Fenster hat die Größe von ca. 7 x 12 cm.

Arbeitsschritte

Schneiden Sie die beiden Passepartout-Teile nach Schnittvorlage mit Nahtzugabe sowie die Stoffteile gemäß der Angabe zu. Achten Sie beim Zuschnitt auf den Musterverlauf. Die Streifen verlaufen hier parallel zur Länge. Schneiden Sie das Herz einmal aus rotem Filz zu. Versäubern Sie die Stoffteile mit Zickzackstich.

Rahmenteile: Legen Sie die beiden Passepartout-Teile rechts auf rechts und steppen Sie das Innenfenster rundum ab. Zwicken Sie die Nahtzugabe in den Ecken mit der Schere ein und wenden Sie den Rahmen, indem Sie einen Teil durch die Mitte ziehen. Bügeln Sie die Nahtzugabe an den Ober- und Unterkanten auf links. Steppen Sie nun das Innenfenster rundum und die Rahmenoberkante kantig ab.

Wählen Sie für den Rahmen die Stofffarbe, die Ihnen am besten gefällt.

Fertigstellung: Legen Sie den grau-gestreiften Außenteil rechts mit der Breitseite nach oben auf. Messen Sie von der Unterkante 6 cm hinauf, legen Sie den Passepartout-Teil mit der rechten Seite nach oben darauf und steppen Sie diesen an der Unterkante auf den gestreiften Stoffteil kantig auf.

Legen Sie den grau-gestreiften und den grau-karierten Stoffteil rechts auf rechts und nähen Sie die Längsseiten mit 1 cm Nahtzugabe zusammen. Wenden und bügeln Sie den Rahmen. Steppen Sie nun unter- und oberhalb des Passepartouts waagrecht ab. Achten Sie darauf, dass die Öffnung zum Einfügen des Fotos dabei offen bleibt. Schieben Sie den ersten Karton in die Passepartout-Öffnung und den zweiten zwischen die beiden Stoffteile (über dem Passepartout). Fixieren Sie den zweiten Karton mit einer waagrechten Steppnaht. Bügeln Sie am ersten Ende der Stoffbahn 1 cm Nahtzugabe auf links, schieben Sie das zweite Ende in diese Öffnung und schließen Sie die Öffnung von Hand.

Verstärken Sie das rote Filzherz mit Klebevlies, nähen Sie mit weißem Stickgarn ca. 2 mm vom Rand entfernt mit Vorstich eine Ziernaht von Hand und befestigen Sie das Herz in der Innenecke des Fotorahmens.

Ein stabiler Fotorahmen, verstärkt durch Kartons, lässt Ihre Lieblingsfotos besonders zur Geltung kommen.

Tee- oder Keksdose

Höhe: 10 cm, Breite: 10 cm * Schwierigkeitsgrad: 3 * Schnittvorlage siehe Bogen IV

Material

- 2 Stoffteile, grau-gestreift, nach Schnittvorlage (Außentasche)
- 2 Stoffteile, weiß, nach Schnittvorlage (Futtertasche)
- 3 Filzteile, weiß und grau, nach Schnittvorlage (Herz, Handschuh und Plüsch für den Handschuh)
- Klebevlies
- Stickgarn, grau
- Sticknadel
- 1 Zierknopf
- 2 Perlen, rot, d = 1 cm
- 2 Kordelschnüre, Länge: je 70 cm
- Nähseide, weiß

Nähen Sie die Applikation auf die Dose auf.

Arbeitsschritte

Legen Sie den Stoff rechts auf rechts, übertragen Sie die Schnittvorlage für die Dose und schneiden Sie die grau-gestreifte Außentasche sowie die weiße Futtertasche mit Nahtzugabe zu. Achten Sie bei der Außentasche auf den Musterverlauf. Die Streifen verlaufen hier senkrecht zu den Dosenspitzen. Schneiden Sie den Handschuh aus weißem Filz, das Herz und den Plüschteil für den Handschuh aus grauem Filz ohne Nahtzugabe zu. Versäubern Sie die Ränder der Stoffteile rundum mit Zickzackstich.

Handschuh: Verstärken Sie den Handschuh mit Klebevlies. Nähen Sie mit grauem Stickgarn ca. 0,5 cm vom Rand entfernt eine Ziernaht mit Vorstich von Hand. Steppen Sie nun das Herz mit Zickzackstich auf den Handschuh auf. Legen Sie einen grau-gestreiften Außentaschenteil mit der rechten Seite nach oben auf und nähen Sie den Handschuh und den Plüsch mit Zickzackstich mittig auf den Stoffteil auf. Befestigen Sie den Zierknopf von Hand.

Dose: Legen Sie die beiden grau-gestreiften Stoffteile rechts auf rechts und nähen Sie diese an den Seiten und der Unterkante füßchenbreit zusammen (siehe Abbildung 10). Bügeln Sie die Nähte auseinander. Ziehen Sie die Ecken rechts und links unten so auseinander, dass die Seitenkante direkt auf der Unterkante aufliegt und steppen Sie die Ecke ab (siehe Abbildung 11).

Wiederholen Sie diese Arbeitsschritte mit den beiden weißen Stoffteilen, allerdings markieren Sie hier an einer Seite eine Wendeöffnung.

Fertigstellung: Stecken Sie nun die weiße Tasche rechts auf rechts in die Außentasche, fügen Sie die Kordelschnur an den Spitzen ein, sodass die Schnur jeweils innen liegt und nähen Sie die beiden Taschen an der Oberkante rundum zusammen. Zwicken Sie die Nahtzugabe an den Ecken und an den Schrägen mit der Schere ein.

Wenden Sie die Dose durch die seitliche Öffnung im weißen Futterteil, bügeln Sie diese und bringen Sie sie in Form.

Fädeln Sie an den Enden der Kordelschnüre jeweils eine rote Perle auf und verknoten Sie die Schnüre vor und nach der Perle.

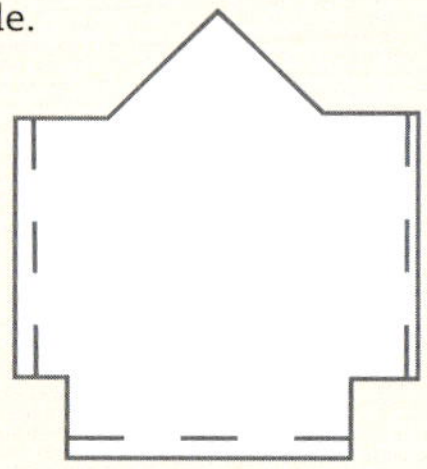

Abb. 10 Seiten- und Unterkanten zusammennähen.

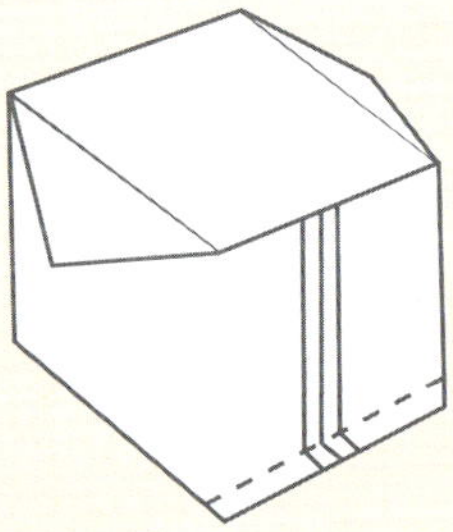

Abb. 11 Bodenecken zusammensteppen.

Eine besondere Dose zum Befüllen, Schließen und Verschenken

Kapitel 6

Weihnachtsgrüße und Verpackung

Geschenkidee

Der Schutzengel für das Auto ist durch den Aufhängebügel speziell für den Rückspiegel gedacht, kann aber auch sonst überall angebracht werden.

Weihnachtsgrüße zu versenden und Geschenke zu verpacken, sind eine liebevolle Gewohnheit geworden. Ich habe hier einige Anregungen für Sie, wie Sie hübsche Anhänger, Billets und Verpackungen anfertigen können. Die Geschenkanhänger sind mit einem Zettel versehen, auf dem Sie eine persönliche Widmung anbringen können.

Mein Tipp

Nehmen Sie sich eine kurze Auszeit zum Besuch des Weihnachtsmarktes in Steyr und versenden Sie dort vom Sonderpostamt Christkindl Ihre Weihnachtsgrüße.

Gedicht

Weihnachtskarten trudeln ein,
von allen Ecken und Kanten,
die meisten sind, so soll es sein,
von den Lieben und Verwandten.
(Unbekannt)

Einige Ideen für Ihre Weihnachtsgrüße und Geschenkverpackungen

Verpackung für ein Buch

Schwierigkeitsgrad: 1 ✱ Schnittvorlage siehe Bogen V

Material

- ✱ 1 Fleeceteil, weiß, nach Berechnung (siehe rechts unten)
- ✱ 2 Filzteile, beige und rot, nach Schnittvorlage (Bär, Schal)
- ✱ 2 Perlen, schwarz (Augen)
- ✱ 1 Stern, silber (zum Aufnähen)
- ✱ Stickgarn, schwarz und rot
- ✱ Sticknadel
- ✱ Nähseide, grau und weiß
- ✱ 1 Kordelschnur (2 x Umfang plus 20 cm), rot, d = 0,5 cm

Arbeitsschritte

Schneiden Sie den weißen Fleeceteil nach Ihrer Berechnung, den Bären aus beigem Filz und den Schal aus rotem Filz nach Schnittvorlage ohne Nahtzugabe zu.

Bär: Sticken Sie die Nase mit schwarzem Stickgarn auf. Danach platzieren Sie den Bären mittig auf der rechten Seite des Fleeceteils und nähen Sie diesen und den Schal rundum mit grauer Nähseide und dem einfachen kantenverbindenden Stich (Anleitung siehe Allgemeines, S. 10) von Hand auf. Bringen Sie die Augen und den Stern von Hand an.

Fertigstellung: Messen Sie von der Ober- und Unterkante jeweils 2 cm hinein und nähen Sie mit rotem Stickgarn eine Ziernaht mit Vorstich.

Klappen Sie den Fleeceteil rechts auf rechts und nähen Sie die Seite mit 1 cm Nahtzugabe zusammen. Wenden Sie die Hülle und ziehen Sie diese über das Geschenk. Binden Sie die Kordelschnur zweimal um das untere Ende des Buches und verknoten Sie die beiden Enden miteinander.

Fleece ist elastisch und eignet sich deshalb hervorragend für diesen Bucheinband.

Nähen Sie den Eisbären und den Schal mit dem kantenverbindendem Nähstich auf.

Berechnung

Nehmen Sie ein Maßband und messen Sie die Höhe und den Umfang des Buches in der Breite und rechnen Sie 2 cm Nahtzugabe beim Umfang hinzu.

Dieser Einband ist schnell hergestellt und macht aus jedem Buch ein persönliches Geschenk.

Geschenksdose Bäumchen

Höhe: ca. 27 cm ✱ Schwierigkeitsgrad: 1 ✱ Schnittvorlage siehe Bogen VII u. VIII

Material

- ✱ 1 Filzplatte, weiß, Stärke: 4 mm
- ✱ Filz, weiß und braun, Stärke: 2 mm
- ✱ Klebevlies
- ✱ 1 Schelle
- ✱ 1 Band, rot-kariert, Länge: 7 cm
- ✱ Stickgarn, weiß, dunkelrot und schwarz
- ✱ Sticknadel
- ✱ evtl. 1 Kordelschnur, weiß, Länge: 50 cm
- ✱ evtl. 2 Silbersterne
- ✱ Klebstoff
- ✱ Nähseide, weiß

Zuschnitt

1 Filzteil, weiß, Stärke: 4 mm, nach Schnittvorlage (Baumspitze)

1 Filzteil, weiß, Stärke: 4 mm, nach Schnittvorlage (Baumstumpf)

1 Filzteil, weiß, Stärke: 4 mm, nach Schnittvorlage (Kreis-Boden)

1 Filzteil, weiß, Stärke: 2 mm, nach Schnittvorlage (Applikation)

1 Filzteil, braun, Stärke: 2 mm, nach Schnittvorlage (Reh)

Arbeitsschritte

Schneiden Sie die Filzteile nach Schnittvorlage ohne Nahtzugabe zu. Sticken Sie die Ziernaht (Anleitung siehe Allgemeines, S. 11) 4 cm unterhalb der Baumspitze und entlang der Baumspitzenunterkante mit dunkelrotem Stickgarn auf. Nähen Sie die Filzapplikation mit Vorstich mittig auf den Baumspitzenteil auf. Verstärken Sie das Reh mit Klebevlies, sticken Sie weiße Tupfen auf den Rücken und ein schwarzes Auge. Binden Sie dem Reh das karierte Band um den Hals und befestigen Sie es, indem Sie die Enden durch die Schelle ziehen. Kleben Sie das Reh auf die Applikation.

Halbieren Sie den Filzteil für die Baumspitze und den Baumstumpf und nähen Sie die Seiten füßchenbreit zusammen. Wenden Sie die beiden Filzteile. Verwenden Sie zum Wenden der Baumspitze einen Holzstab.

Stecken Sie den Filzkreis an die Unterkante des Baumstumpfes und nähen Sie diesen mit weißem Stickgarn und Schlingenstich von Hand fest. Für die Kontur nähen Sie die Oberkante ebenfalls mit Schlingenstich nach. Binden Sie die Kordelschnur um die Baumspitze und verknoten Sie die beiden Enden miteinander. Kleben Sie auf jedes Ende einen Silberstern.

Stecken Sie die Baumspitze nach dem Befüllen auf die Dose.

Das Filzbäumchen versteckt zuerst gekonnt seinen Inhalt, um beim Öffnen dann eine kleine Überraschung preiszugeben.

Material

* Stoff-, Jute- oder Filzreste
* Paketschnur
* Klebeband
* Elefantenpapier
* Bastelschere

Diese Verpackungsvariante ist einfach und trotzdem sehr ansprechend. Sie eignet sich vor allem dann, wenn Sie in Eile sind. Auf der Papierschleife können Sie aber auch Sprüche oder persönliche Widmungen festhalten.

Schnelle Verpackungen für kleine Geschenke

Schwierigkeitsgrad: 1

Arbeitsschritte

Schreiben Sie mit einem Textverarbeitungsprogramm auf einem Computer ein Dokument mit dem Schriftzug „Frohe Weihnachten" (mehrmals untereinandergeschrieben) in gewünschter Schrift und Schriftgröße und drucken Sie dieses auf Elefantenpapier aus. Schneiden Sie einen ca. 5 cm breiten Streifen mit einer Bastelschere aus.

Messen Sie den Umfang plus 4 cm Überlappung sowie die Höhe des zu verpackenden Gegenstandes und schneiden Sie einen entsprechenden Stoffteil mit Zickzackschere zu. Wickeln Sie den Stoffteil um das Geschenk, stülpen Sie das Papierband darüber und kleben Sie es auf der Rückseite mit dem Klebeband fest.

Schlingen Sie das Paketband mehrfach herum und verknoten Sie die beiden Enden miteinander.

Dekorieren Sie Ihr Geschenk noch mit einem Reisigzweig.

Material

* 1 Billet, weiß, 14,5 x 14,5 cm
* 1 Stoffteil mit Weihnachtsdruck, 10 x 10 cm
* 1 Stoffteil, farblich passend, 12,5 x 12,5 cm
* Nähseide, farblich passend
* Klebstoff
* Elefantenpapier mit Schriftzug
* 2 Spreizkopfnieten

Billet – Stoff mit Weihnachtsdruck

Billetgröße: 14,5 x 14,5 cm ✱ Schwierigkeitsgrad: 1

Arbeitsschritte

Schneiden Sie die beiden Stoffteile gemäß der Angabe zu, bügeln Sie bei beiden Teilen rundum 1 cm Nahtzugabe auf links und steppen Sie den kleineren Stoffteil mittig auf den zweiten Stoffteil auf. Danach steppen Sie die Nahtzugabe des zweiten Stoffteils rundum kantig ab und kleben diesen mittig auf das Billet.

Schreiben Sie auf ein Blatt Elefantenpapier „Frohe Weihnachten" und schneiden Sie diesen Schriftzug in der Größe von ca. 6 x 1,5 cm mit einer Bastelschere aus. Legen Sie den Schriftzug über die Stoffecke, stechen Sie mit einem spitzen Gegenstand ein Loch durch den Schriftzug und durch das Billet und stecken Sie die Spreizkopfnieten hindurch. Biegen Sie die Metallenden auf der Rückseite auseinander.

Material

- ✱ 1 Billet, beige, 15 x 10,5 cm
- ✱ 1 Stoffteil, rot-getupft, Länge: 15 cm, Breite: 9 cm
- ✱ Filz, weiß, Stärke: 4 mm, nach Schnittvorlage (Reh und Herz)
- ✱ Stickgarn, dunkelrot, Länge: 10 cm
- ✱ 1 Perle, rot
- ✱ Klebstoff
- ✱ Nähseide, dunkelrot

Billet »Reh«

Billetgröße: 15 x 10,5 cm ✱ Schwierigkeitsgrad: 1 ✱ Schnittvorlage siehe Bogen VIII

Arbeitsschritte

Schneiden Sie den Stoffteil gemäß der Angabe und das Reh sowie das Herz nach Schnittvorlage ohne Nahtzugabe zu.

Versäubern Sie den Stoffteil, bügeln Sie rundum 1 cm Nahtzugabe auf links und steppen Sie diese kantig ab.

Binden Sie das Stickgarn um das Herz, verknoten Sie die Enden miteinander und ziehen Sie die rote Perle über den Knoten. Kleben Sie nun erst den Stoffteil, danach das Reh und das Herz auf das Billet auf.

Diese bunten Weihnachtsgrüße erfreuen Klein und Groß.

Material

- Filz, beige, Stärke: 3 mm, nach Schnittvorlage (Kuvert)
- Filz, dunkelrot, Stärke: 2 mm, nach Schnittvorlage (Herz)
- Klebevlies
- Stickgarn, dunkelrot
- Sticknadel
- 1 Zierknopf
- 1 Druckknopf zum Verschließen
- Nähseide, weiß

Geldgeschenkkuvert

Höhe: 8 cm, Breite: 12 cm ✱ Schwierigkeitsgrad: 1 ✱ Schnittvorlage siehe Bogen VIII

Arbeitsschritte

Schneiden Sie den Kuvertteil aus beigem Filz und das Herz aus dunkelrotem Filz nach Schnittvorlage ohne Nahtzugabe zu.

Klappen Sie den Teil mit den beiden Spitzen nach oben (wie in der Schnittvorlage eingezeichnet) und nähen Sie das Kuvert an den Seiten, 0,5 cm vom Rand hineingerückt, mit Vorstich zusammen. Führen Sie eine Ziernaht entlang der Außenkanten und den beiden Schrägen (in der Schnittvorlage eingezeichnet) weiter. Verstärken Sie das Herz mit Klebevlies, nähen Sie eine Ziernaht mit Vorstich und befestigen Sie das Herz und den Zierknopf an der Oberseite und einen Teil des Druckknopfes an der Unterseite der Kuvertklappe. Den zweiten Teil des Druckknopfes befestigen Sie darunter auf dem Kuvert.

Geschenkanhänger Eisbär

Höhe: 6 cm, Breite: 5 cm * Schwierigkeitsgrad: 1 * Schnittvorlage s. Bogen V u. VI

Material

* 2 Stoffteile, grau-kariert, nach Schnittvorlage (Anhänger)
* Klebevlies
* 1 DIN-A4-Blatt, weiß oder beige (Anhänger)
* 1 Satinband, weiß, Länge: 20 cm, Breite: 3 mm
* 1 Spreizkopfniete
* 1 Filzteil, weiß, Stärke: 4 mm, nach Schnittvorlage (Bär)
* 1 Filzstreifen, dunkelrot, Stärke: 2 mm, Länge: 25 cm, Breite: 1 cm (Schal)
* 2 kleine Perlen, schwarz (Augen)
* 1 große Perle, schwarz (Nase)
* Klebstoff
* Nähseide, weiß

Arbeitsschritte

Legen Sie den Stoff rechts auf rechts, übertragen Sie die Schnittvorlage und schneiden Sie den Anhänger einmal mit Nahtzugabe zu. Die übrigen Teile schneiden Sie nach Schnittvorlage ohne Nahtzugabe und gemäß der Angabe zu.

Anhänger: Verstärken Sie einen Teil mit Klebevlies. Legen Sie die beiden Stoffteile rechts auf rechts aufeinander. Markieren Sie eine Wendeöffnung und nähen Sie den Anhänger rundum mit Stichgröße 1 zusammen. Schneiden Sie die Nahtzugabe bis auf 3 mm weg und zwicken Sie diese bei der Rundung und bei den Ecken mit der Schere ein. Wenden und bügeln Sie den Anhänger und steppen Sie diesen rundum kantig ab. Hierbei wird auch die Wendeöffnung geschlossen.

Schneiden Sie aus dem Papier ebenfalls einen Anhänger nach Schnittvorlage zu. Legen Sie den Stoffanhänger über den Papieranhänger und stechen Sie oben in der Mitte mit einem spitzen Gegenstand durch den Anhänger und das Papier. Fädeln Sie mit einer Nadel das Satinband hindurch. Danach stecken Sie die Spreizkopfniete hinein und drücken Sie die beiden Metallteile auf der Rückseite auseinander. Verknoten Sie die beiden Enden des Satinbandes miteinander.

Eisbär: Nähen Sie die zwei kleinen Perlen als Augen und die große Perle als Nase auf den Eisbärkopf. Kleben Sie den Kopf und den geschlungenen Schal darunter auf den Stoffanhänger auf.

Schreiben Sie
Ihre persönliche
Widmung auf das
Anhängerbeiblatt.

Schutzengel für das Auto

Engelgröße: ca. 12 cm ✱ Schwierigkeitsgrad: 3 ✱ Schnittvorlage siehe Bogen VIII

Material

- ✱ 2 Stoffteile, beige, nach Schnittvorlage (Körper)
- ✱ 1 Leinenteil, braun, Länge: 18 cm, Breite: 10 cm (Kleid)
- ✱ 1 Filzteil, dunkelrot, nach Schnittvorlage (Herz)
- ✱ 2 Filzteile, dunkelrot, nach Schnittvorlage (Taschen)
- ✱ 1 Filzteil, beige, nach Schnittvorlage (Flügel)
- ✱ 2 Stoffteile, dunkelrot-getupft, nach Schnittvorlage (großes Herz)
- ✱ Klebevlies
- ✱ Füllwatte
- ✱ Stickgarn, dunkelrot und weiß
- ✱ 1 Zierknopf für Herz (Kleid)
- ✱ 1 Herzknopf (Aufhängung)
- ✱ 2 Perlen, schwarz (Augen)
- ✱ 1 Baumwollschnur, beige, Länge: 100 cm (Haare)
- ✱ 1 Band, rot-kariert, Länge: 20 cm
- ✱ 1 Basteldraht, Länge: 25 cm
- ✱ Klebepistole
- ✱ Buntstift, dunkelrot
- ✱ Wattestäbchen, Messer
- ✱ Nähseide, farblich passend

Arbeitsschritte

Legen Sie den Stoff rechts auf rechts, übertragen Sie die Schnittvorlage für den Engel und das große Herz und schneiden Sie diese einmal mit Nahtzugabe zu. Die übrigen Teile schneiden Sie nach der Schnittvorlage ohne Nahtzugabe und gemäß der Angabe zu. Übertragen Sie die Spirale auf Klebevlies und bügeln Sie es auf die Taschenteile.

Herz, Körper:
Nähen Sie die zwei schwarzen Perlen als Augen im Gesicht auf. Legen Sie die beiden Stoffteile für den Körper rechts auf rechts, markieren Sie eine Wendeöffnung und nähen Sie die Stoffteile rundum zusammen.

Schneiden Sie die Nahtzugabe bis auf 3 mm weg und zwicken Sie diese mit der Schere in den Ecken und Rundungen ein. Wenden und bügeln Sie den Körper. Füllen Sie diesen mit Füllwatte und schließen Sie die Öffnung von Hand. Legen Sie die beiden Stoffteile für das Herz rechts auf rechts und wiederholen Sie die obigen Arbeitsschritte.

Kleid: Versäubern Sie den Stoffteil, bügeln Sie an den Längsseiten 1 cm Nahtzugabe auf links und nähen Sie diese mit Zickzackstich fest. Falten Sie den braunen Stoffteil rechts auf rechts der Breite nach (ergibt ein Maß von 9 x 8 cm) und nähen Sie die Breite mit 1 cm Nahtzugabe zusammen. Wenden Sie den Stoffteil. Nähen Sie an der Oberkante mit rotem Stickgarn eine Heftnaht ca. 1 cm vom Rand entfernt, wobei Sie an der Seitennaht beginnen und auch dort wieder enden. Stülpen Sie das Kleid über den Engelskörper, ziehen Sie diese Naht ein, sodass sich das Kleid um den Hals kräuselt, und binden Sie die Fadenenden auf der Rückseite zu einer Masche.

Kleben Sie das rote Filzherz und den Zierknopf auf das Kleid auf. Sticken Sie die Spiralen mit Rückstich in die Taschen und nähen Sie diese seitlich mit Schlingenstich auf.

Fertigstellung:
Nähen Sie beim Flügel rundum eine Ziernaht mit Vorstich und befestigen Sie diesen von Hand auf der Rückseite. Legen Sie das Baumwollband in eine ca. 10 cm lange Schlaufe und binden Sie diese in der Mitte mit dem rot-karierten Band zusammen. Kleben Sie den Bund am Oberkopf des Engels fest und verteilen Sie die Haare an den Seiten und am Hinterhaupt.

Biegen Sie den Basteldraht zu einem Haken und befestigen Sie an einem Ende den Herzknopf und das rot-getupfte Stoffherz. Das andere Ende stecken Sie durch das Engelshaar und biegen es mit der Schmuckzange um. Schaben Sie mit dem Messer Farbe vom roten Buntstift und tupfen Sie sie mit dem Wattestäbchen als Wangen in das Gesicht.

Der liebliche Schutzengel ist als Begleiter in allen Lebenslagen gedacht.

Material

* 1 Billet, beige, 15 x 10,5 cm
* 1 Filzteil, grau, Länge: 9,5, Breite: 5,5 cm
* 1 Stoffteil, weiß, Länge: 10 cm, Breite: 6 cm
* 1 Filzteil, grau, nach Schnittvorlage (Baum)
* Klebevlies
* 1 Stern, silber
* Klebstoff
* Nähseide, weiß

Billet »Bäumchen«

Billetgröße: 15 x 10,5 cm * Schwierigkeitsgrad: 1 * Schnittvorlage siehe Bogen VIII

Arbeitsschritte

Schneiden Sie den Filzteil und den Stoffteil gemäß der Angabe sowie das Bäumchen aus grauem Filz nach Schnittvorlage zu.

Verstärken Sie den Filzteil und das Bäumchen mit Klebevlies und bringen Sie den Silberstern am Bäumchen von Hand an. Bügeln Sie beim weißen Stoffteil rundum 1 cm Nahtzugabe auf links und steppen Sie diese kantig ab.

Kleben Sie erst den grauen Filzteil (9,5 x 5,5 cm), danach den weißen Stoffteil und zum Schluss das Bäumchen mittig auf das Billet.

Material

* 1 Billet, weiß, 14,5 x 14,5 cm
* 1 Stoffteil, grau-gestreift, Länge: 13 cm, Breite: 13 cm
* 1 Filzteil, grau, d = 9 cm (Applikation)
* Klebevlies
* 3 Fleeceteile, weiß, nach Schnittvorlage (Bär und Tatzen)
* 1 Filzstreifen, rot, Stärke: 2 mm, Länge: 25 cm, Breite: 0,5 cm (Schal)
* 3 Perlen, schwarz (Augen, Nase)
* 2 Sterne, silber
* Stickgarn, weiß und grau
* Klebstoff
* Nähseide, weiß und grau

Billet »Eisbär«

Billetgröße: 14,5 x 14,5 cm * Schwierigkeitsgrad: 1 * Schnittvorlage siehe Bogen VIII

Arbeitsschritte

Schneiden Sie den Stoff-, den Filz- und die Fleeceteile gemäß der Angabe und der Schnittvorlagen ohne Nahtzugabe zu. Versäubern Sie den grau-gestreiften Stoffteil, bügeln Sie rundum 1 cm Nahtzugabe auf links und steppen Sie diese kantig ab.

Verstärken Sie den grauen Filzkreis mit Klebevlies und nähen Sie mit weißem Stickgarn entlang der Außenkante eine Ziernaht von Hand mit Vorstich.

Schneiden Sie beim Schal an den Breitseiten 1 cm tiefe Schalfransen ein. Nähen Sie die Perlen wie auf dem Foto auf das Bärengesicht und fädeln Sie die beiden Silbersterne auf graues Stickgarn auf.

Stecken Sie nun den Eisbärenkopf, danach den Schal und darunter die Tatzen mit Stecknadeln auf den Filzkreis auf und nähen Sie diese mit dem kantenverbindenden Nähstich (Anleitung siehe „Allgemeines", S. 10) mit grauer Nähseide auf. Nehmen Sie hierbei das Band mit den beiden Silbersternen mit ein.

Kleben Sie erst den graugestreiften Stoffteil und danach die Applikation mittig auf das Billet.

Geschenkanhänger Pinguin

Höhe: 6 cm, Breite: 5 cm ✱ Schwierigkeitsgrad: 1 ✱ Schnittvorlage siehe Bogen V

Material

- ✱ 2 Stoffteile, grau-gestreift, nach Schnittvorlage (Anhänger)
- ✱ Klebevlies
- ✱ 1 DIN-A4-Blatt, weiß oder beige
- ✱ 1 Satinband, weiß, Länge: 20 cm, Breite: 3 mm
- ✱ 1 Spreizkopfniete
- ✱ 1 Filzteil, weiß, Stärke: 4 mm, nach Schnittvorlage (Körper)
- ✱ 3 Filzteile, orange, Stärke: 2 mm, nach Schnittvorlage (Schnabel und Beine)
- ✱ 1 Filzteil, schwarz, Stärke: 2 mm, nach Schnittvorlage (Mantel)
- ✱ 2 Perlen, schwarz (Augen)
- ✱ 1 Lederband, Länge: 15 cm
- ✱ Klebstoff
- ✱ Nähseide, weiß

Arbeitsschritte

Anhänger: Legen Sie die beiden Stoffteile für den Anhänger rechts auf rechts, übertragen Sie die Schnittvorlage und schneiden Sie diese einmal mit Nahtzugabe zu. Verstärken Sie einen Teil mit Klebevlies. Legen Sie die beiden Stoffteile rechts auf rechts aufeinander. Markieren Sie eine Wendeöffnung und nähen Sie den Anhänger rundum mit Stichgröße 1 zusammen. Schneiden Sie die Nahtzugabe bis auf 3 mm weg und zwicken Sie mit der Schere die Nahtzugabe bei der Rundung und bei den Ecken ein. Wenden und bügeln Sie den Anhänger und steppen Sie diesen rundum kantig ab. Hierbei wird auch die Wendeöffnung geschlossen.

Schneiden Sie aus weißem oder beigem Papier ebenfalls einen Anhänger nach Schnittvorlage zu. Legen Sie den Stoffanhänger über den Papieranhänger und stechen Sie oben in der Mitte mit einem spitzen Gegenstand durch den Anhänger und das Papier. Fädeln Sie mit einer Nadel das Satinband hindurch. Stecken Sie die Spreizkopfniete hinein und drücken Sie die Metallteile auf der Rückseite auseinander. Verknoten Sie die beiden Enden des Satinbandes miteinander.

Pinguin: Schneiden Sie den kompletten Pinguinkörper aus 4 mm starkem weißen Filz, den schwarzen Pinguinmantel, die orangen Füßchen und den Schnabel aus 2 mm starkem Filz zu.

Kleben Sie den schwarzen Mantel und die Nase auf den Pinguin. Nähen Sie die zwei Perlen als Augen an. Schlingen Sie das Band um den Körper und verknoten Sie die Enden auf der Vorderseite miteinander. Kleben Sie den Pinguin sowie die Füßchen mittig auf den Stoffanhänger.

Schreiben Sie Ihre ganz persönliche Widmung auf das Anhängerbeiblatt.

Material

* Sperrholz, 10 x 10 cm, Stärke: 3 mm
* Laubsäge mit Sägeblättern für das Holz
* Schleifpapier mit einer Körnung von 80
* Elefantenpapier
* 1 Satinband, Länge: 25 cm
* Papier- oder Holzsterne (auch andere Streuelemente zum Aufkleben)
* Beidseitiges Klebeband
* Klebepistole

Weihnachtsgruß »Holzstern mit Papierrolle«

Größe: 9 cm ✱ Schwierigkeitsgrad: 1 ✱ Schnittvorlage siehe Bogen VIII

Arbeitsschritte

Sägen Sie den Stern mit der Laubsäge nach Schnittvorlage aus und runden Sie die Ränder mit Schleifpapier ab.

Schneiden Sie aus dem Elefantenpapier Stücke mit der Abmessung von 10 x 5 cm aus. Tupfen Sie Heißwachs auf die Sternmitte und drücken Sie erst das Satinband und danach den Papierstreifen darauf. Rollen Sie den Papierstreifen ein und fixieren Sie diesen mit dem Satinband. Verzieren Sie den Stern mit Deko-Elementen und kleben Sie auf die Rückseite einen kleinen Streifen beidseitiges Klebeband auf. Wenn Sie den Stern verwenden, ziehen Sie den zweiten Schutzstreifen vom Klebeband und drücken Sie den Stern auf das Paket.

Bei diesem Geschenkanhänger können Sie eine persönliche Widmung hineinschreiben und den Stern direkt auf das Geschenk kleben. Er ist auch sehr zu empfehlen, falls das Geschenk (z. B. ein Fahrrad) nicht verpackt werden kann. Das Klebeband lässt sich nach dem Verschenken ohne Probleme entfernen.

Material

* 1 Filzplatte, weiß, Stärke: 4 mm
* 1 Juterest
* 1 Stoffrest mit Weihnachtsaufdruck
* Stickgarn, rot und weiß
* Sticknadel
* Klettband, weiß, Länge: 3 cm
* Nähseide

Zuschnitt

1 Filzteil, Länge: 35 cm, Breite: 14 cm (Tasche)

1 Filzteil, Länge: 30 cm, Breite: 3 cm (Tragegriff)

2 Filzteile, nach Schnittvorlage (Seitenteile)

1 Juteteil, nach Schnittvorlage (Herz)

1 Stoffteil mit Weihnachtsaufdruck, 8 x 8 cm

Diese Filztasche ist schnell angefertigt und verschließbar.

Filztasche

Höhe ohne Griff: 14 cm, Breite: 14 cm * Schwierigkeitsgrad: 1 * Schnittvorlage s. Bogen VI

Arbeitsschritte

Schneiden Sie die Filz- und Stoffteile nach Schnittvorlage ohne Nahtzugabe und gemäß der Angabe zu.

Nähen Sie das Juteherz mit Zickzackstich mittig auf den Stoffteil mit Weihnachtsaufdruck. Bügeln Sie bei diesem rundum 1 cm Nahtzugabe auf links und steppen Sie den Teil 4 cm unterhalb einer Breitseite kantig auf den Taschenteil. Nähen Sie mit rotem Stickgarn eine Ziernaht mit Vorstich um die Applikation herum. Trennen Sie das Klettband und nähen Sie die jeweiligen Enden des Tragegriffes und jeweils einen Teil des Klettbandes auf der Innenseite des Taschenteiles an den Breitseiten mittig auf. Nähen Sie die Tasche mit den Seitenteilen mit Schlingenstich und weißem Stickgarn zusammen.

Kapitel 7

Christbaumschmuck und Heiliger Abend

Geschenkidee

Die Büttenpapierrolle im Etui eignet sich für gläubige Christen, die den Heiligen Abend noch mit dem Weihnachtsevangelium und mit „Stille Nacht“ unter dem Weihnachtsbaum feiern möchten.

Die Erfindung des Christkindes beruht auf Martin Luther. Es hat nichts mit dem Christuskind bzw. dem Heiland gemein, sondern wird eher als Mädchen oder Engel dargestellt, das einst zur Heiligen Krippe wanderte. Bei uns in Österreich glaubt man noch verbreitet an das Christkind, obwohl der Weihnachtsmann durch die Medien längst Einzug gehalten hat. Wenn die Bescherung näherrückt, wird es meist sehr hektisch. Es werden Kekse gebacken, der Weihnachtsbaum wird geholt und es ist noch der eine oder andere Freund und Bekannte mit einem kleinen Geschenk aufzusuchen. Die Aufregung ist groß. Vor allem dann, wenn noch Kinder im Haus sind, ist es schwierig, kurz vor dem Heiligen Abend noch entspannende Stunden bei einem Weihnachtskonzert oder beim Besuch eines Christkindlmarktes zu verbringen. Hier zeige ich Ihnen eine vollständige Deko-Idee für Ihren Weihnachtsbaum, die Sie bereits während des Jahres kostengünstig anfertigen und farblich nach Ihrem Wunsch nähen bzw. basteln können. Dies schenkt Ihnen einige Stunden vor dem Fest, die Sie dann für sich und Ihre Familie nützen können.

Mein Tipp

Alle Jahre wieder ... verstummen so manche bei der zweiten Liedstrophe von „Stille Nacht“ unter dem Weihnachtsbaum. Um dies zu umgehen, habe ich eine Büttenpapierrolle mit dem Liedtext gefertigt. Verteilt an die Familienmitglieder, kann sich so jeder bis zum Ende des Liedes stimmlich beteiligen. Selbstverständlich kann diese Rolle auch mit dem Text des Weihnachtsevangeliums oder mit beidem versehen werden. In diesem Fall eignet sich diese Rolle auch als nette Geschenkidee.

Hüttenweihnacht
im Alpenland –
urig, bodenständig
und sehr reizvoll

Material

* 2 Bambusstäbe, Länge: 25 cm
* 1 DIN-A4-Blatt Büttenpapier (evtl. Elefantenpapier) für „Stille Nacht“
* 2 DIN-A4-Blätter Büttenpapier für das Weihnachtsevangelium
* Füllfeder mit schwarzer Tinte
* Klebepistole
* evtl. weißes Stickgarn
* Sticknadel, spitz

Sie können den Text auch in den Computer tippen und mit einer schönen Schrift wie z. B. „French Script“ ausdrucken. Das sieht auch sehr hübsch aus und Sie ersparen sich eine Menge Arbeit.

Stille Nacht, heilige Nacht

Stille Nacht! Heilige Nacht!
Alles schläft, einsam wacht
nur das traute hochheilige Paar.
Holder Knabe im lockigen Haar,
schlaf in himmlischer Ruh!
Schlaf in himmlischer Ruh!

Stille Nacht! Heilige Nacht!
Hirten erst kundgemacht
durch der Engel Halleluja.
Tönt es laut von Ferne und Nah:
Christ, der Retter ist da!
Christ, der Retter ist da!

Stille Nacht! Heilige Nacht!
Gottes Sohn! O wie lacht
lieb aus deinem göttlichen Mund,
da uns schlägt die rettende Stund,
Christ in deiner Geburt!
Christ in deiner Geburt!

Büttenpapierrolle

Länge: 25 cm ✱ Schwierigkeitsgrad: 1

Arbeitsschritte

Schreiben Sie den Liedtext von „Stille Nacht“ oder das Weihnachtsevangelium mit schwarzer Tinte auf das Büttenpapierblatt und kleben Sie die Ober- und Unterkante des Blattes mit Heißwachs an den Bambusstäben fest. Für das Weihnachtsevangelium benötigen Sie, vorausgesetzt Sie schreiben dies mit der Hand, zwei DIN-A4-Blätter. Legen Sie nach dem Schreiben die zwei Blätter mit 1 cm überlappend übereinander auf und nähen Sie diese mit weißem Stickgarn mit dem kantenverbindenden Stich (Anleitung siehe „Allgemeines“, S. 10) zusammen. Kleben Sie die Oberkante des ersten Blattes und die Unterkante des zweiten Blattes an den Bambusstäben fest. Rollen Sie beide Stäbe bis zur Mitte ein und binden Sie eine Masche um die Rolle, bis diese in Form bleibt.

Etui für Büttenpapierrolle

Länge: 27 cm, Breite: 10 cm ✱ Schwierigkeitsgrad: 2 ✱ Schnittvorlage siehe Bogen V u. VI

Material

- 2 Stoffteile, grün-gestreift, nach Schnittvorlage (Außentasche)
- 2 Stoffteile, grün, nach Schnittvorlage (Futtertasche)
- 1 Stoffteil, weiß, Länge: 15 cm, Breite: 7 cm (Applikation „Stille Nacht")
- Klebevlies
- Filzreste, grün (Stechpalmenblätter)
- 3 Perlen, rot, d = 0,5 cm
- Stickgarn, grün
- Sticknadel
- Nähseide, farblich passend

Arbeitsschritte

Legen Sie den Stoff rechts auf rechts, übertragen Sie die Schnittvorlage für das Etui und schneiden Sie dieses einmal für die Außentasche und einmal für die Futtertasche mit Nahtzugabe zu. Die drei Stechpalmenblätter schneiden Sie nach Schnittvorlage und den Stoffteil für die Applikation gemäß der Angabe zu. Übertragen Sie den Schriftzug auf das Klebevlies.

Applikation vorbereiten: Bügeln Sie das Klebevlies auf die linke Seite des weißen Stoffteiles und sticken Sie den Schriftzug „Stille Nacht" mit Rückstich nach. Bügeln Sie rundum 1 cm Nahtzugabe auf links und steppen Sie die Applikation links auf rechts in der Mitte eines Außentaschenteiles kantig auf. Nähen Sie die drei Stechpalmenblätter rechts neben der Applikation auf.

Etui zusammennähen: Legen Sie die beiden Außentaschenteile rechts auf rechts aufeinander und steppen Sie die Seiten und die Unterkante zusammen. Wiederholen Sie diesen Arbeitsschritt mit den beiden Futtertaschenteilen, wobei Sie hier an einer Seite eine Wendeöffnung markieren. Bügeln Sie die Nahtzugabe auseinander, stülpen Sie die Futtertasche rechts auf rechts in den Außentaschenteil und nähen Sie diese an der Oberkante rundum zusammen. Wenden Sie das Etui und schließen Sie die Wendeöffnung von Hand. Bügeln Sie das Etui und bringen Sie die drei roten Perlen in der Mitte der Stechpalmenblätter von Hand an.

Herzen, Bäumchen, Sterne und Deltoide

Höhe: 8 bis 10 cm ✱ Schwierigkeitsgrad: 1 ✱ Schnittvorlage siehe Bogen I, V

Material für einen Anhänger

✱ Stoffreste, getupft, kariert und einfarbig (farblich abgestimmt), nach Schnittvorlage (Baum, Stern, Herz, Deltoid)
✱ Füllwatte
✱ Nähseide, farblich passend
✱ Lederband, cognac

Wenn Sie für die Aufhängeschlaufe Nähseide oder Stickgarn verwenden, drehen sich die Anhänger wunderbar bei jedem Luftzug.

Arbeitsschritte

Legen Sie den Stoff rechts auf rechts, übertragen Sie die Schnittvorlage und schneiden Sie das Herz, den Stern, den Baum oder das Deltoid einmal mit Nahtzugabe zu. Markieren Sie eine Wendeöffnung und nähen Sie die Stoffteile rundum mit Stichgröße 1 zusammen. Schneiden Sie die Nahtzugabe bis auf 3 mm weg und schneiden Sie diese an den Ecken und Rundungen mit der Schere ein. Wenden Sie das Werkstück und füllen Sie dieses mit Füllwatte. Schließen Sie die Öffnung von Hand und nähen Sie in diesem Zug eine Schlaufe in gewünschter Länge zum Aufhängen ein. Wiederholen Sie diese Arbeitsschritte für die weiteren Anhänger. Beim Baum und beim Stern binden Sie ein Lederband um den Anhänger und verknoten die beiden Enden miteinander.

Diese verschiedenen Anhänger passen besonders gut auf Ihren in Naturfarben gehaltenen Weihnachtsbaum.

Ein in Naturfarben dekorierter Weihnachtsbaum ist eine hübsche Alternative zu Wunderkerzen und Lametta.

Engel

Höhe: 10 cm * Schwierigkeitsgrad: 3 * Schnittvorlage siehe Bogen VI

Material für einen Engel

* Stoffreste, beige (Körper)
* Füllwatte
* Nähseide, farblich passend
* Filz, weiß und braun
* 1 Zierknopf
* 1 Holzperle, weiß
* 2 Perlen, schwarz (Augen)
* Stickgarn, braun und weiß
* Sticknadel
* 1 Bund Stickgarn (je nach Wahl cognac, blond oder braun für die Haare)
* 1 Stern, silber (zum Aufnähen oder Aufkleben)
* Buntstifte, orange und braun
* Messer
* Wattestäbchen

Zuschnitt

2 Stoffteile, beige, nach Schnittvorlage (Körper)

2 Filzteile, weiß, nach Schnittvorlage (Kleid)

1 Filzteil, weiß, nach Schnittvorlage (Flügel)

1 Filzteil, braun, nach Schnittvorlage (Tasche)

1 Filzband, braun, Länge: 20 cm, Breite: ca. 0,5 cm (Masche)

Arbeitsschritte

Legen Sie den beigen Stoff rechts auf rechts, übertragen Sie die Schnittvorlage für den Engelskörper und schneiden Sie diesen einmal mit Nahtzugabe zu. Die Filzteile werden nach Schnittvorlage und gemäß der Angabe ohne Nahtzugabe zugeschnitten.

Engelskörper: Legen Sie die beiden Stoffteile rechts auf rechts, markieren Sie eine Wendeöffnung und nähen Sie den Engelskörper rundum mit Stichlänge 1 zusammen. Schneiden Sie die Nahtzugabe bis auf 3 mm weg, zwicken Sie diese in den Ecken und Rundungen mit der Schere ein und wenden Sie den Engel. Füllen Sie den Körper mit Füllwatte und schließen Sie die Öffnung von Hand.

Kleid und Flügel: Nähen Sie die braune Filztasche mit weißem Stickgarn und Vorstich sowie die weiße Perle auf den Vorderteil des Kleides auf. Fädeln Sie braunes Stickgarn in die Nadel, fixieren Sie den Vorder- und Rückenteil des Kleidchens mit Stecknadeln auf dem Körper und nähen Sie das Kleidchen, 5 mm von der Außenkante hineingerückt, mit Vorstich an den Seiten und Schultern zusammen. An der Unterkante und dem Armausschnitt wird eine dekorative Naht weitergeführt. Nähen Sie die Flügel auf der Rückseite von Hand auf. Legen Sie das Filzband um den Hals und fixieren Sie dieses mit dem Zierknopf von Hand.

Kopf: Wickeln Sie den halben Bund Stickgarn für die Haare in eine 14 cm lange Schlaufe, binden Sie diese einmal in der Mitte zusammen und schneiden Sie die gegenüberliegenden Seiten mit der Schere auf. Wiederholen Sie diesen Arbeitsschritt mit dem restlichen Stickgarn.

Nähen Sie die beiden Haarteile am Oberkopf fest. Verteilen Sie die Strähnen vom ersten Bund gleichmäßig am Hinterhaupt und die Strähnen vom zweiten Bund als Seitenteile und Stirnfransen. Kürzen Sie die Stirnfransen und schneiden Sie die Frisur in Form.

Nähen oder kleben Sie den Silberstern auf die Stirn. Nähen Sie die schwarzen Perlen als Augen und eine Schlaufe zum Aufhängen auf. Kratzen Sie mit dem Messer etwas Farbe von den Buntstiften und tupfen Sie die Farbe mit dem Wattestäbchen als Wangen in das Gesicht.

Süße Weihnachtsengel für den Christbaum und zum Verschenken

Material für ein Säckchen

- 1 Stoffteil, weiß, Länge: 20 cm, Breite: 18 cm
- Klebevlies
- Stickgarn, braun
- Sticknadel
- 3 Perlen, orange
- 4 Ösen, d = 0,5 cm
- Ösenzange
- 2 Lederbänder, cognac, Länge: je 20 cm
- Nähseide, weiß

Baumsäckchen für Süßigkeiten

Größe: ca. 8 x 8 cm * Schwierigkeitsgrad: 1 * Stickvorlage siehe Bogen V

Arbeitsschritte

Schneiden Sie den weißen Stoffteil gemäß der Angabe zu und versäubern Sie diesen mit Zickzackstich. Übertragen Sie die Stickvorlage auf das Klebevlies. Legen Sie den weißen Stoffteil links mit der Breitseite nach oben auf, messen Sie von der Stoffunterkante 3,5 cm hinauf und seitlich jeweils 6 cm herein und bügeln Sie das Klebevlies waagrecht auf. Sticken Sie den Zweig mit braunem Stickgarn mit Rückstich nach. Halbieren Sie den Stoffteil rechts auf rechts der Länge nach (ergibt ein Maß von 20 x 9 cm) und nähen Sie die Seite füßchenbreit zusammen. Bügeln Sie die Naht auseinander und stülpen Sie 10 cm so nach außen, dass der Zweig innen liegt. Der Stoff liegt nun vierfach mit der rechten Seite nach oben und der Naht hinten in der Mitte. Nähen Sie nun die Unterkante füßchenbreit zusammen.

Bodenecken abnähen: Ziehen Sie die Ecken rechts und links unten so auseinander, dass jeweils die Seitenkante und die Bodennaht aufeinanderliegen. Messen Sie von der Eckenspitze beginnend 1 cm herein und nähen Sie diese im rechten Winkel zur Bodennaht ab. (siehe Abbildung 2, S. 19) Schneiden Sie die Ecken bis auf 3 mm weg und versäubern Sie die Nahtzugabe mit Zickzackstich. Wenden und bügeln Sie das Säckchen.

Fertigstellung: Schlagen Sie die Ösen 2 cm seitlich hineingerückt und 2 cm unterhalb der Oberkante ein. Stecken Sie die Enden des Lederbandes durch die Ösen und verknoten Sie die Enden im Sackinneren. Nähen Sie die drei Perlen von Hand auf den Zweig auf.

Material für ein Krippenkind

* 1 Walnussschale
* 1 Fleeceteil, weiß, Länge: 10 cm, Breite: 5 cm
* 1 Lederband, cognac, Länge: 20 cm (Aufhängung)
* Füllwatte
* 1 Holzperle, d = 1 cm (Kopf)
* 1 Zahnstocher
* 1 Stoffrest, 5 x 5 cm (Decke)
* Klebstoff
* Nähseide, weiß

Krippenkind

Schwierigkeitsgrad: 1

Arbeitsschritte

Die angegebenen Maße sind für mittelgroße Nüsse gedacht. Deshalb kann es durchaus sein, dass die Fleecelänge oder die Deckengröße anzupassen ist.

Schneiden Sie die beiden Stoffteile gemäß der Angabe zu, halbieren Sie das weiße Fleece rechts auf rechts der Breite nach (ergibt ein Maß von 5 x 5 cm) und nähen Sie die Seite füßchenbreit zusammen. Stecken Sie den Fleeceteil mit der linken Stoffseite in die Nussschale und stülpen Sie die Oberkante nach außen. Da Fleece elastisch ist, hält es auch ohne Klebstoff sehr gut. Binden Sie die beiden Enden des Lederbandes zu einem Knoten und fügen Sie den Knoten in die Schale ein. Verdecken Sie den Knoten mit etwas Füllwatte. Stecken Sie den Zahnstocher in die Holzperle und drücken Sie den Zahnstocher in die Walnussschale, sodass eine Spannung entsteht. Falten Sie den Stoffteil für die Decke in ein ca. 2 x 1,5 cm großes Rechteck, bügeln Sie dieses, geben Sie einen Tupfer Klebstoff auf die Decke und drücken Sie diese auf die Füllwatte.

Material für einen Stern

* Sperrholz, 15 x 15 cm, Stärke: 3 mm
* Laubsäge mit Sägeblättern für Holz
* Schleifpapier mit einer Körnung von 80
* evtl. Klarlack oder Klarlackspray
* Bohrer, d = 2 mm
* Stickgarn, weiß (Aufhängeschlaufe)

Stern aus Holz

Höhe: ca. 9 cm * Schwierigkeitsgrad: 1 * Schnittvorlage siehe Bogen VI

Arbeitsschritte für einen Stern

Übertragen Sie die Schnittvorlage auf das Sperrholz.

Schneiden Sie den Stern mit der Laubsäge aus, runden Sie die Ränder mit Schleifpapier ab und bohren Sie ein Loch zum Aufhängen. Ziehen Sie das Stickgarn durch das Bohrloch, verknoten Sie die Enden miteinander und lassen Sie den Knoten im Bohrloch verschwinden.

Material für ein Reh

* Sperrholz, 15 x 15 cm, Stärke: 3 mm
* Laubsäge mit Sägeblättern für Holz
* Schleifpapier mit einer Körnung von 80
* evtl. Klarlack oder Klarlackspray
* Bohrer, d = 2 mm
* Stickgarn, weiß (Aufhängeschlaufe)

Reh aus Holz

Höhe: ca. 10 cm * Schwierigkeitsgrad: 1 * Schnittvorlage siehe Bogen VI

Arbeitsschritte für ein Reh

Übertragen Sie die Schnittvorlage auf das Sperrholz.

Schneiden Sie das Reh mit der Laubsäge aus, runden Sie die Ränder mit Schleifpapier ab und bohren Sie zum Aufhängen ein Loch in das Ohr sowie einige Löcher als Tupfen auf den Rücken und ein Loch als Auge. Ziehen Sie das Stickgarn durch das Bohrloch im Ohr, verknoten Sie die Enden miteinander und lassen Sie den Knoten im Bohrloch verschwinden.

Silvester

Kapitel 8

Geschenkidee
Machen Sie den Menschen, die Ihnen wichtig sind, ein Neujahrsgeschenk. Nähen Sie den Wandbehang mit der Posttasche und versehen Sie diesen mit einem Kalender für das bevorstehende Jahr. Auch als Weihnachtsgeschenk wird die Posttasche große Freude bereiten.

Zum Jahresausklang ist der Weihnachtsstress bereits abgeflaut und wir freuen uns auf eine fröhliche Silvesternacht. Damit Sie Ihren Lieben viel Glück wünschen können, finden Sie nachfolgend einige kreative Glücksbringer, die Sie schon während des Jahres anfertigen können. Besonders nett ist die Posttasche, versehen mit dem Kalender des bevorstehenden Jahres.

Mein Tipp

Überreichen Sie Ihre Glücksbringer in einer anderen Form. Nähen Sie Baumwollsäckchen und stecken Sie in jedes einen Mineralstein. Diese Steine sind kostengünstig in Steingeschäften erhältlich. Suchen Sie nur drei Farben aus, wobei beispielsweise der Rosenquarz (rosa) für die Liebe, der Bergkristall (klar bis weiß) für Zuwachs an Macht und Geld und der Türkis (türkisblau) für Gesundheit steht. Schreiben Sie die Mineralsteinnamen mit Ihrer Deutung auf einen Zettel, stecken Sie alle gefüllten Säckchen in eine große Tasche, reichen Sie das Blatt mit der Erklärung reihum und lassen Sie die Gäste nacheinander ziehen. Sie werden sehen – das wird ein unvergessliches Erlebnis für alle.

Nähen Sie geschmackvolle Glücksbringer für Ihre Silvesternacht!

Sektflasche und Glückskekse dekorativ verpackt

Sektflasche (0,2 l): Höhe: ca. 12 cm, Umfang: ca. 22 cm; Glückskekse: Höhe: ca. 10 cm, Umfang: ca. 22 cm ✱ Schwierigkeitsgrad: 2 ✱ Schnittvorlage s. Bogen VII

Material

- ✱ 1 Stoffteil, rot-getupft, Länge: 24 cm, Tiefe: 21 cm (Sektflaschenkörbchen)
- ✱ 1 Steppfutterteil, weiß, Länge: 24 cm, Tiefe: 21 cm (Sektflaschenkörbchen)
- ✱ 1 Stoffteil, rot-getupft, Länge: 24 cm, Tiefe: 16 cm (Glückskekstasche)
- ✱ 1 Steppfutterteil, weiß, Länge: 24 cm, Tiefe: 16 cm (Glückskekstasche)
- ✱ 1 Filzrest, grün, nach Schnittvorlage (Kleeblatt)
- ✱ 1 Marienkäferknopf
- ✱ Stickgarn, rot
- ✱ Sticknadel
- ✱ Nähseide, farblich passend

Arbeitsschritte

Schneiden Sie die Stoffteile für die Sektflasche und/oder die Glückskekse gemäß der Angabe zu und versäubern Sie die Ränder mit Zickzackstich. Schneiden Sie das Kleeblatt nach Schnittvorlage aus grünem Filz zu.

Halbieren Sie den rot-getupften Stoffteil rechts auf rechts der Breite nach (ergibt ein Maß von 12 x 21 cm, bei der kleinen Tasche 12 x 16 cm) und nähen Sie die Seite füßchenbreit zusammen (Abbildung 12). Bügeln Sie die Naht auseinander und legen Sie den Stoffteil so auf, dass die linke Stoffseite oben und die Seitennaht hinten in der Mitte ist. Nähen Sie nun den Stoffteil an der Unterkante füßchenbreit zusammen (Abbildung 13). Ziehen Sie die Eckenspitze rechts und links unten auseinander, sodass jeweils die Seitennaht und die Bodennaht aufeinanderliegen. Messen Sie jeweils 3 cm entlang der Bodennaht hinein und nähen Sie die Ecken im rechten Winkel zur Bodennaht ab (siehe Abbildung 2, S. 19). Schneiden Sie die Ecken bis auf 0,5 cm weg und versäubern Sie die Nahtzugabe mit Zickzackstich.

Wiederholen Sie diesen Arbeitsschritt mit dem weißen Steppfutter, wobei Sie hier an einer Seite eine Wendeöffnung markieren müssen.

Wenden Sie den weißen Stoffteil. Nähen Sie mit rotem Stickgarn und Vorstich eine Ziernaht, ca. 1,2 cm unterhalb der Oberkante. Stülpen Sie den Steppfutterteil rechts auf rechts in die rot-getupfte Tasche. Stecken Sie die beiden Teile an der Oberkante zusammen und nähen Sie diese rundum an der Oberkante füßchenbreit zusammen.

Wenden und bügeln Sie die Tasche und schließen Sie die Öffnung von Hand. Stülpen Sie beim Sektflaschenkörbchen ca. 5 cm und bei der Glückskekstasche ca. 2 cm nach außen und bringen Sie das Kleeblatt und den Marienkäferknopf von Hand an.

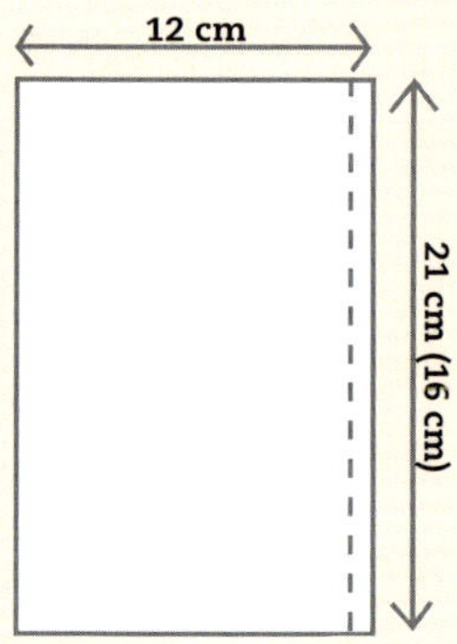

Abb. 12 Seite zusammennähen.

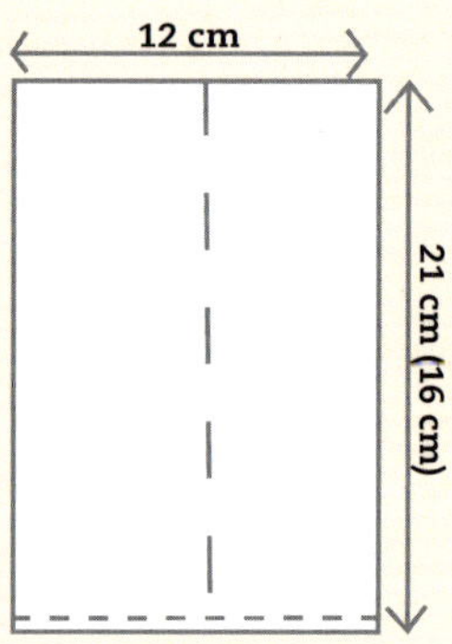

Abb. 13 Unterkante zusammennähen.

So dekorativ verpackt, wird jede Sektflasche zu einem besonderen Glücksbringer.

Schlüsselanhänger Herz

Größe: ca. 5 cm ✱ Schwierigkeitsgrad: 1 ✱ Schnittvorlage siehe Bogen VII

Material

- ✱ 1 Filzteil, rot, Stärke: 4 mm, nach Schnittvorlage (Herz)
- ✱ Stickgarn, gelb
- ✱ Sticknadel
- ✱ 1 Marienkäferknopf
- ✱ 1 Öse, d = 0,5 cm
- ✱ Ösenzange
- ✱ 1 Karabinerhaken

Arbeitsschritte

Übertragen Sie die Schnittvorlage für das Herz auf den Filz und schneiden Sie dieses einmal ohne Nahtzugabe zu. Schlagen Sie auf der linken Herzhälfte die Öse mit der Zange ein. Das Aufnähen des Marienkäferknopfes und des Wortlautes erfolgt in einer Einstichtiefe von ca. 2 mm, sodass auf der Rückseite keine Stiche zu sehen sind. Nähen Sie zuerst den Marienkäferknopf mit gelbem Stickgarn fest und stechen Sie durch den Filz hindurch zum ersten Buchstaben des Schriftzuges. Sticken Sie in Blockbuchstaben den Wortlaut „FÜR DICH" entlang der Seiten ein.

Hier gibt es keine Vorlage, da eine Übertragung auf der Rückseite sichtbar wäre. Beim letzten Buchstaben führen Sie den Faden wieder zurück zum Zierknopf und verknoten Sie diesen. Hängen Sie den Karabinerhaken in die Öse ein.

Schlüsselanhänger Kleeblatt

Größe: ca. 5 cm ✱ Schwierigkeitsgrad: 1 ✱ Schnittvorlage siehe Bogen VII

Material

- ✱ 1 Filzteil, grün, Stärke: 4 mm, nach Schnittvorlage (Kleeblatt)
- ✱ Stickgarn, weiß
- ✱ Sticknadel
- ✱ 1 Marienkäferknopf
- ✱ 1 Öse, d = 0,5 cm
- ✱ Ösenzange
- ✱ 1 Schlüsselanhänger

Arbeitsschritte

Übertragen Sie die Schnittvorlage für das Kleeblatt auf den Filz und schneiden Sie dieses einmal ohne Nahtzugabe zu. Schlagen Sie die Öse mit der Zange ein. Das Aufnähen des Marienkäferknopfes und der Ziernaht erfolgt in einer Einstichtiefe von ca. 2 mm, sodass auf der Rückseite keine Stiche zu sehen sind. Nähen Sie zuerst den Marienkäferknopf mit weißem Stickgarn fest und stechen Sie durch den Filz hindurch zum Rand. Nähen Sie eine Ziernaht mit Vorstich entlang der Seite. Beim letzten Stich führen Sie den Faden wieder zurück zum Zierknopf und verknoten Sie diesen. Hängen Sie den Schlüsselanhänger ein.

Glücksbringer
mit persönlicher
Note, die lange
Freude machen

Kalender mit Posttasche

Höhe: 41 cm, Breite: 21 cm * Schwierigkeitsgrad: 3 * Schnittvorlage siehe Bogen VII

Material

* Stoff, grün, grün-gestreift, grün-getupft, weiß
* Klebevlies
* Stickgarn, gelb, rot, blau, grün und grau
* Sticknadel * Füllwatte
* 3 Herzknöpfe, grün (Achten Sie darauf, dass Sie die Knöpfe im Metallbogen des Kalenders einfädeln können.)
* 1 Kalender (Länge: max. 15 cm, Breite: max. 20 cm)
* 1 Aufhängevorrichtung, Länge: mind. 22 cm (erhältlich in Nähboutiquen)
* 1 Kordelschnur, weiß, Länge: 40 cm
* Nähseide, farblich passend
* Filz, rot (Herz am Kuvert)

Zuschnitt

2 Stoffteile, grün, Länge: 43 cm, Breite: 23 cm (Hintergrund)

1 Stoffteil, grün-gestreift, Länge: 29 cm, Breite: 24 cm (Posttasche)

1 Stoffteil, weiß, Länge: 29 cm, Breite: 15 cm (Blende)

3 Stoffteile, grün-getupft, Länge: 12 cm, Breite: 10 cm (Schlaufen)

2 Stoffteile, weiß-getupft, nach Schnittvorlage (Herz)

1 Stoffteil, weiß, Länge: 6 cm, Breite: 3 cm (Applikation „Viel Glück“)

Abb. 14
Die Seiten der Posttasche aufnähen.

Abb. 15
Die Unterkante der Posttasche absteppen.

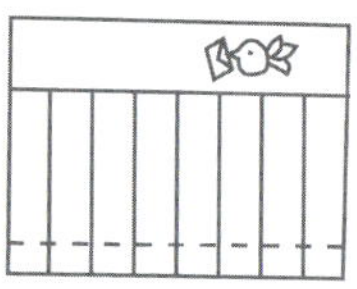

Arbeitsschritte

Legen Sie den Stoff für das Herz rechts auf rechts, übertragen Sie die Schnittvorlage und schneiden Sie das Herz einmal mit Nahtzugabe zu. Die übrigen Teile schneiden Sie gemäß der Angabe zu. Achten Sie bei der Posttasche auf den Musterverlauf (die Streifen verlaufen parallel zur Breitseite) und versäubern Sie die Stoffteile mit Zickzackstich.

Posttasche: Übertragen Sie die Stickvorlage für den Vogel auf das Klebevlies. Legen Sie den grün-gestreiften Stoffteil und den weißen Teil für die Blende an einer Längsseite rechts auf rechts und steppen Sie diese Länge füßchenbreit ab. Bügeln Sie die Naht auseinander. Legen Sie den Stoffteil aufgeklappt mit der linken Seite nach oben auf, messen Sie bei der Blende von links 10 cm herein und von der Naht 1 cm nach oben und bügeln Sie hier das Klebevlies auf. Sticken Sie dann den Vogel mit Rückstich und buntem Stickgarn nach. Falten Sie diesen Stoffteil bei der Naht links auf links, klappen Sie 5 cm Aufschlag nach außen und bügeln Sie an den Seiten jeweils 1 cm Nahtzugabe auf links. Legen Sie an den Seiten Falten in der Tiefe von 3 cm (= 6 cm Stoff) und bügeln Sie auch diese. Die Taschenbreite ist 15 cm. Stecken Sie nun die Posttasche auf die Vorderseite des grünen Stoffteiles in der Breite von 15 cm auf. Dazu messen Sie von unten 3 cm hinauf und seitlich jeweils 4 cm herein. Stecken Sie die Seiten senkrecht fest und steppen Sie diese füßchenbreit ab (siehe Abbildung 14). Fixieren Sie die Falten an der Unterkante der Tasche und steppen Sie auch die Länge füßchenbreit ab (siehe Abbildung 15).

Schlaufen vorbereiten: Halbieren Sie den ersten Stoffteil für die Schlaufe rechts auf rechts der Länge nach (ergibt ein Maß von 12 x 5 cm) und steppen Sie die Längsseite und eine Breitseite mit 1 cm Nahtzugabe ab. Wenden und bügeln Sie die Schlaufe. Wiederholen Sie diese Arbeitsschritte auch bei den beiden anderen Schlaufen.

Fertigstellen: Legen Sie den grünen Vorderteil (mit der Posttasche) mit der rechten Seite nach oben auf. Fügen Sie die ersten beiden Schlaufen an der Oberkante mit einem Abstand von 1 cm zu den Seiten und die dritte Schlaufe mittig ein, und zwar so, dass die Schlaufen auf der Posttasche aufliegen und die Enden mit der Stoffaußenkante abschließen. Legen Sie nun den zweiten grünen Stoffteil rechts darauf und fixieren Sie die Teile mit Stecknadeln. Markieren Sie eine Wendeöffnung und nähen Sie diese rundum mit 1 cm Nahtzugabe zusammen. Wenden und bügeln Sie den Stoffteil und schließen Sie die Öffnung von Hand. Befestigen Sie die drei Schlaufen mit dem Herzknopf auf der Vorderseite des grünen Stoffteiles von Hand und fädeln Sie die Schlaufen in die Aufhängevorrichtung. Hängen Sie den Kalender in den mittleren Knopf ein.

Herz: Übertragen Sie den Schriftzug auf das Klebevlies, bügeln Sie dieses auf die linke Seite des weißen Stoffteiles für die Applikation und sticken Sie ihn mit Rückstich nach. Bügeln Sie 0,5 cm Nahtzugabe auf links und nähen Sie die Applikation auf eine rechte Stoffseite mit grünem Stickgarn und Vorstich auf. Legen Sie die beiden Herzteile rechts auf rechts und fügen Sie zwischen den beiden Stoffteilen in der Herzmitte die zwei Enden der Kordelschnur ein, sodass die Enden nach außen zeigen und das Band innen liegt. Markieren Sie eine Wendeöffnung und nähen Sie das Herz rundum zusammen. Schneiden Sie die Nahtzugabe an den Ecken und an den Rundungen mit der Schere ein und wenden und bügeln Sie das Herz. Füllen Sie es mit Füllwatte und schließen Sie die Öffnung von Hand. Befestigen Sie das Herz seitlich an der Aufhängevorrichtung und das rote Filzherz auf dem Kuvert.

Dieser aufwändige Wandbehang mit dem Kalender ist ein besonderes Geschenk für besondere Menschen und Katzenliebhaber.

Material für ein Säckchen

* 1 Stoffteil, grün-weiß, Länge: 20 cm, Breite: 12 cm
* 1 Schrägband, weiß, Länge: 5 cm (Schlaufe)
* 1 Kordelschnur, Länge: 30 cm
* 1 Filzteil, grün, 2 x 2 cm
* 1 Schneesternknopf
* Nähseide, farblich passend

Baumwollsäckchen für Mineralsteine

Größe: 8,5 x 8,5 cm * Schwierigkeitsgrad: 1

Arbeitsschritte für ein Säckchen

Schneiden Sie den Stoffteil, die Bänder und den Filzteil gemäß der Angabe zu und versäubern Sie den Stoffteil mit Zickzackstich.

Halbieren Sie das Schrägband der Länge nach und steppen Sie dieses kantig zusammen.

Nehmen Sie den Stoffteil zur Hand und bügeln Sie entlang einer Längsseite 1 cm Nahtzugabe und nochmals 1 cm Nahtzugabe auf links und steppen Sie diese füßchenbreit ab.

Das Säckchen wird mit einer französischen Naht gefertigt. Hierzu halbieren Sie den Stoffteil links auf links der Breite nach (ergibt ein Maß von 10 x 10 cm) und nähen Sie die Seite füßchenbreit zusammen. Schneiden Sie die Nahtzugabe bis auf 3 mm weg, wenden Sie den Stoffteil, fügen Sie 2 cm unterhalb der Oberkante die Enden des in eine Schlaufe gelegten Schrägbandes ein und nähen Sie nochmals die Seite füßchenbreit entlang, sodass die Nahtzugabe eingeschlossen ist.

Falten Sie den Stoffteil so, dass die rechte Seite außen liegt und sich die Seitennaht hinten in der Mitte befindet. Nähen Sie nun die Unterkante füßchenbreit zusammen, entfernen Sie wiederum die Nahtzugabe bis auf 3 mm, wenden Sie das Säckchen und steppen Sie die Länge der Unterkante nochmals füßchenbreit ab.

Wenden und bügeln Sie das Säckchen. Bringen Sie den Filzteil und den Schneesternknopf von Hand an. Fädeln Sie die Kordelschnur hinten in die Schlaufe.

Ein besinnliches Weihnachtsfest und Prosit Neujahr!

Aus unserem Programm

Näh-Idee Trachtenschmuck

Arm- und Halsbänder, Manschetten, kleine Broschen und Anhänger, ja sogar einfache Handtaschen lassen sich mit geringem Aufwand in den verschiedensten Mustern – passend zur jeweiligen Trachtenmode – selbst herstellen.

Martha Höfler stellt rund 90 verschiedene Werkstücke in unterschiedlichen Stilen, Farben, Designs und Mustern vor, die sich mit verschiedenen Trachten gut kombinieren lassen. Schritt-für-Schritt-Fotos erläutern die grundlegenden Arbeitstechniken. Anhand der Schnittmuster lassen sich mit neuem Stoff ganz individuelle und unverwechselbare Accessoires selbst kreieren. Die Arbeitszeit für die Herstellung der einzelnen Werkstücke beträgt oft weniger als eine Stunde! So wird jedes Dirndl oder Trachtenkleid dank neuer Accessoires zum Unikat!

Die Autorin:

Martha Höfler erhielt während ihrer Schulzeit bereits eine spezifische Nähausbildung. Mit der Errichtung eines großen separaten Ateliers auf ihrem Wohngrundstück widmet sich die verheiratete Mutter zunehmend ihren kreativen Hobbys und nimmt seit 2005 an diversen Kunstausstellungen (Ölbildmalerei) und Charity-Veranstaltungen mit Handwerkskunst teil. Veranlasst durch bevorstehende Familienfeste im ländlichen Raum, die traditionell in Tracht gefeiert werden, und aufgrund ihrer Metallallergie kam sie auf die Idee, ihre Schmuckkreationen selbst zu nähen. Daraus entwickelte sich das Konzept für das vorliegende Buch.

ISBN 978-3-7020-1337-0
Martha Höfler
Näh-Idee
TRACHTENSCHMUCK
90 kreative Accessoires selbst gemacht
160 Seiten, zahlreiche Farbabbildungen,
16,5 x 22 cm, Hardcover

ISBN 978-3-7020-1360-8
Lisa Lam
TRENDIGE TASCHEN
Einfach selbst genäht
160 Seiten, zahlreiche Farbabbildungen,
20,8 x 27,5 cm, brosch.

Taschen selbst nähen – schnell, einfach und individuell

Das umfassende Praxisbuch zum Thema: Die Anfertigung der verschiedenen Werkstücke wird in 400 Schritt-für-Schritt-Bildern leicht verständlich erklärt, darüber hinaus werden ausführliche Variationsmöglichkeiten geschildert. Wer weiß, wie sich die unterschiedlichen Verschlüsse, Griffe, zusätzlichen Außen- oder Innentaschen etc. anbringen lassen, kann damit die vorhandenen Grundformen variieren und rasch dazu übergehen, seine eigenen Taschenmodelle zu entwerfen.

Die Autorin:

Lisa Lam lebt in London, wo sie selbst Taschen entwirft und ein spezialisiertes Versandhaus für Nähbedarf führt.

Leopold Stocker Verlag
Graz – Stuttgart

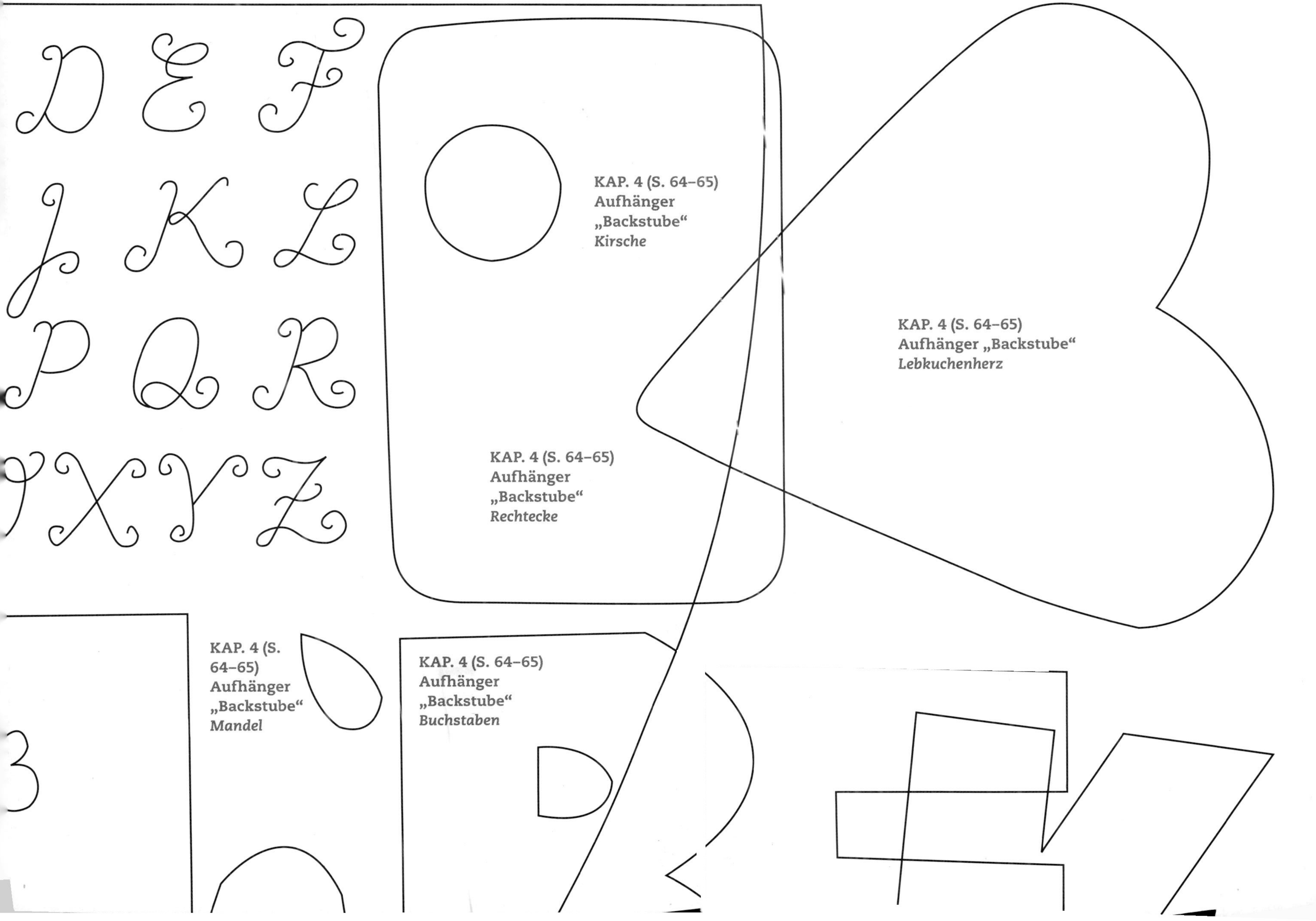
KAP. 4 (S. 64–65)
Aufhänger
„Backstube“
Kirsche
KAP. 4 (S. 64–65)
Aufhänger „Backstube“
Lebkuchenherz
KAP. 4 (S. 64–65)
Aufhänger
„Backstube“
Rechtecke
KAP. 4 (S. 64–65)
Aufhänger
„Backstube“
Mandel
KAP. 4 (S. 64–65)
Aufhänger
„Backstube“
Buchstaben

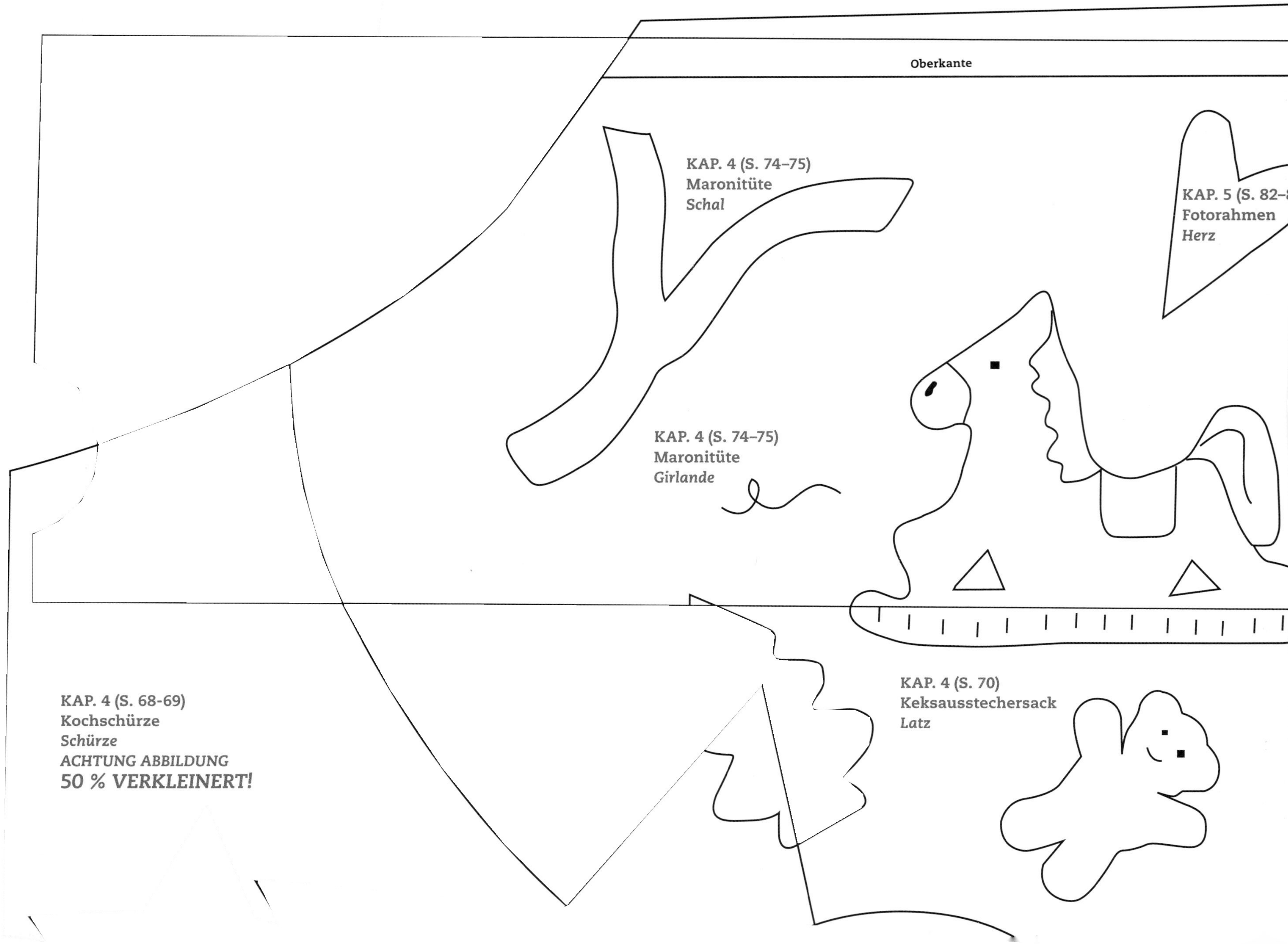

Oberkante
KAP. 4 (S. 74–75)
Maronitüte
Schal
KAP. 5 (S. 82–8
Fotorahmen
Herz
KAP. 4 (S. 74–75)
Maronitüte
Girlande
KAP. 4 (S. 70)
Keksausstechersack
Latz
KAP. 4 (S. 68-69)
Kochschürze
Schürze
ACHTUNG ABBILDUNG
50 % VERKLEINERT!

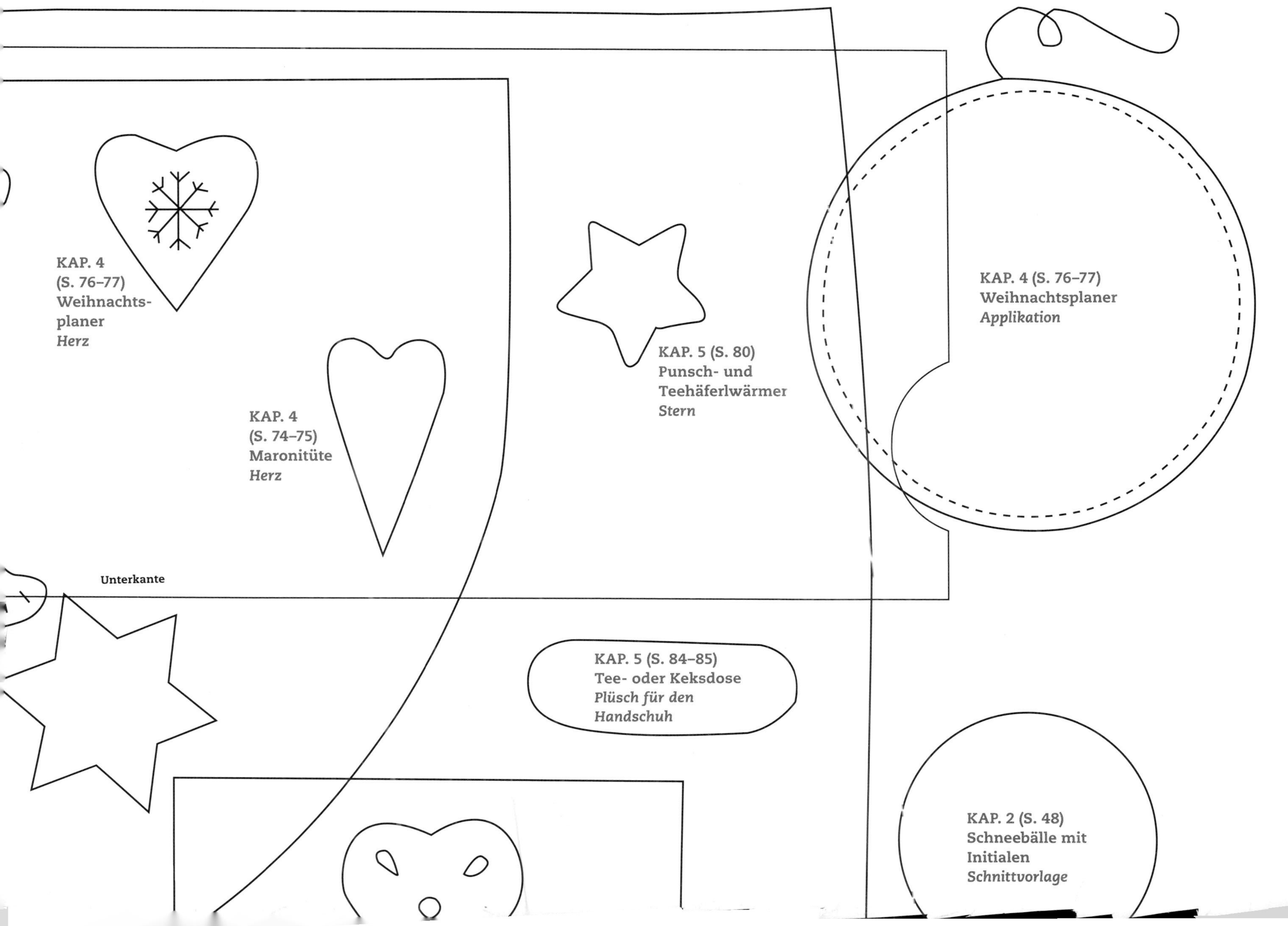
KAP. 4
(S. 76–77)
Weihnachts-
planer
Herz
KAP. 4
(S. 74–75)
Maronitüte
Herz
Unterkante
KAP. 5 (S. 80)
Punsch- und
Teehäferlwärmer
Stern
KAP. 4 (S. 76–77)
Weihnachtsplaner
Applikation
KAP. 5 (S. 84–85)
Tee- oder Keksdose
Plüsch für den
Handschuh
KAP. 2 (S. 48)
Schneebälle mit
Initialen
Schnittvorlage

KAP. 1 (S. 39)
Fensterbäumchen
(groß)
Baum

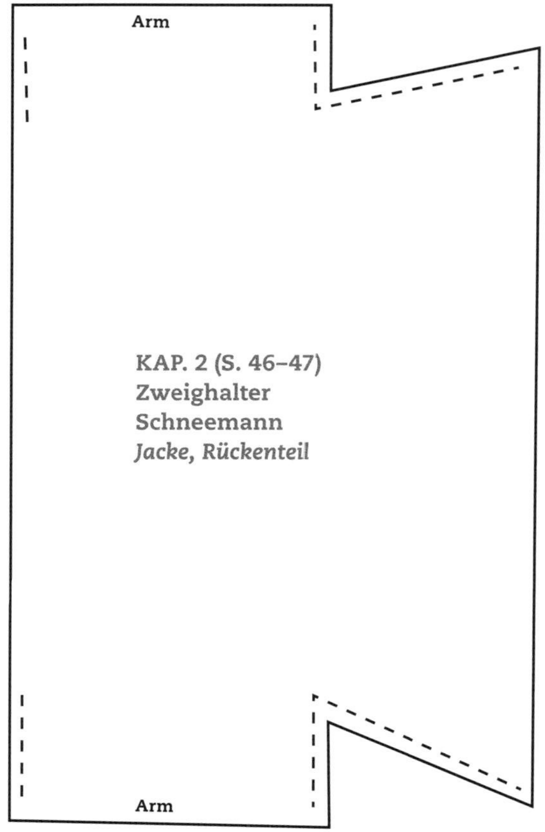

KAP. 2 (S. 46–47)
Zweighalter
Schneemann
Jacke, Rückenteil

KAP. 2 (S. 48)
Schneebälle
mit Initialen
Initialen

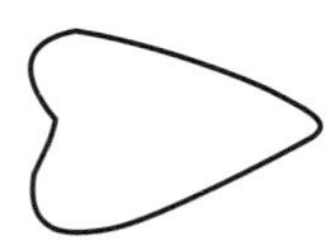

KAP. 2 (S. 46–47)
Zweighalter
Schneemann
Herz

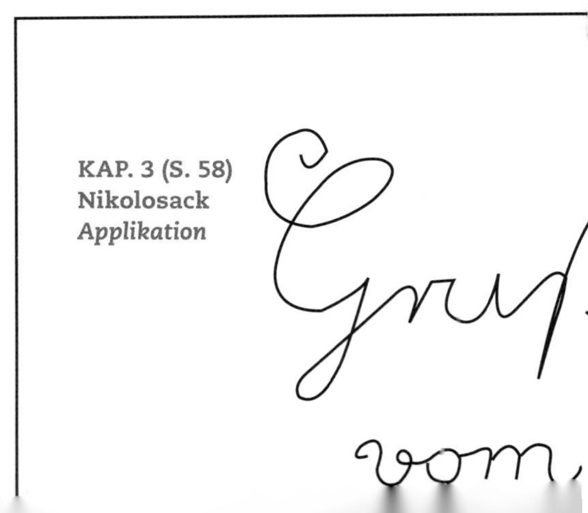

KAP. 3 (S. 58)
Nikolosack
Applikation

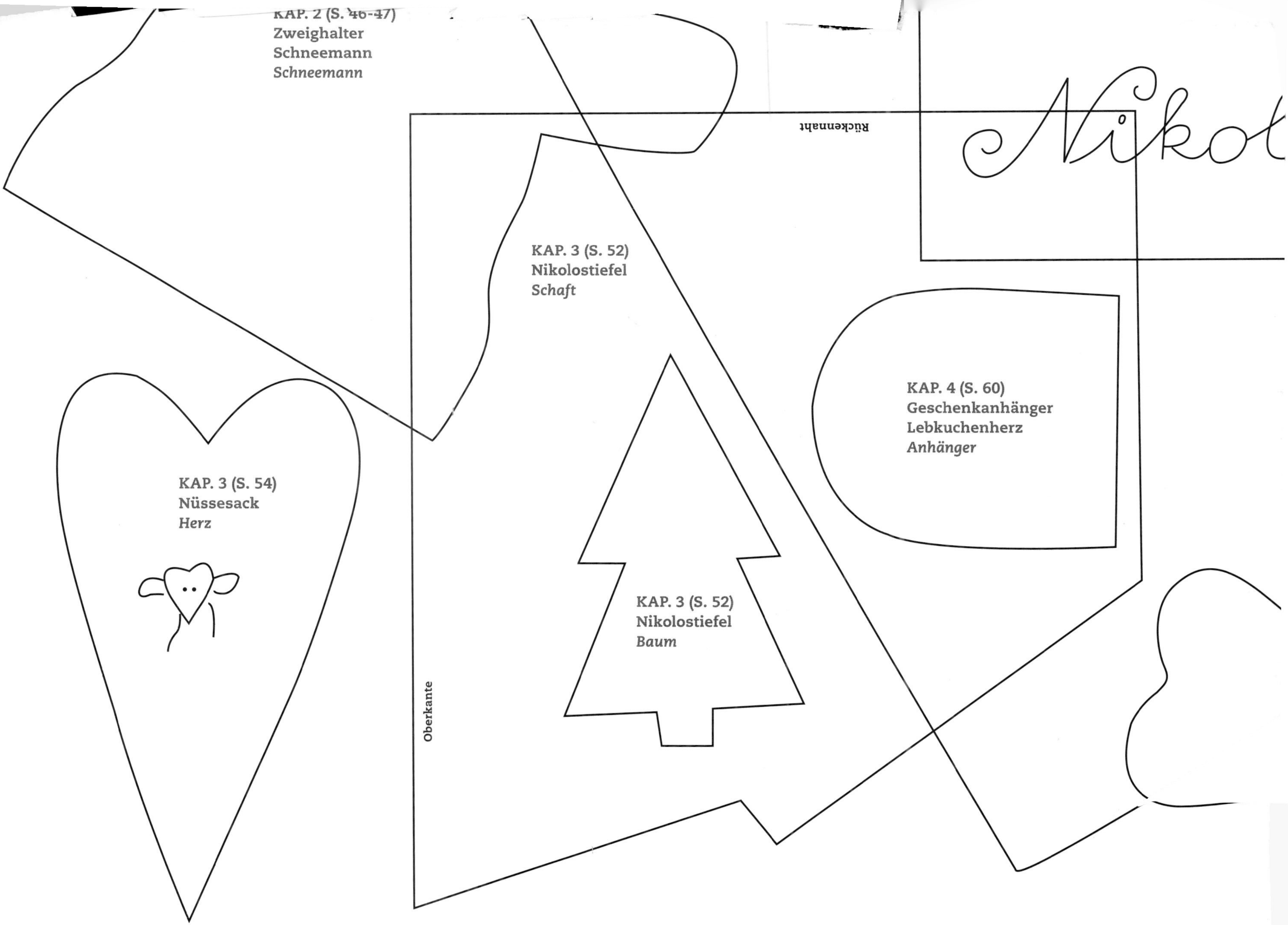
KAP. 2 (S. 46-47)
Zweighalter
Schneemann
Schneemann
Nikol
Rückennaht
KAP. 3 (S. 52)
Nikolostiefel
Schaft
KAP. 4 (S. 60)
Geschenkanhänger
Lebkuchenherz
Anhänger
KAP. 3 (S. 54)
Nüssesack
Herz
KAP. 3 (S. 52)
Nikolostiefel
Baum
Oberkante

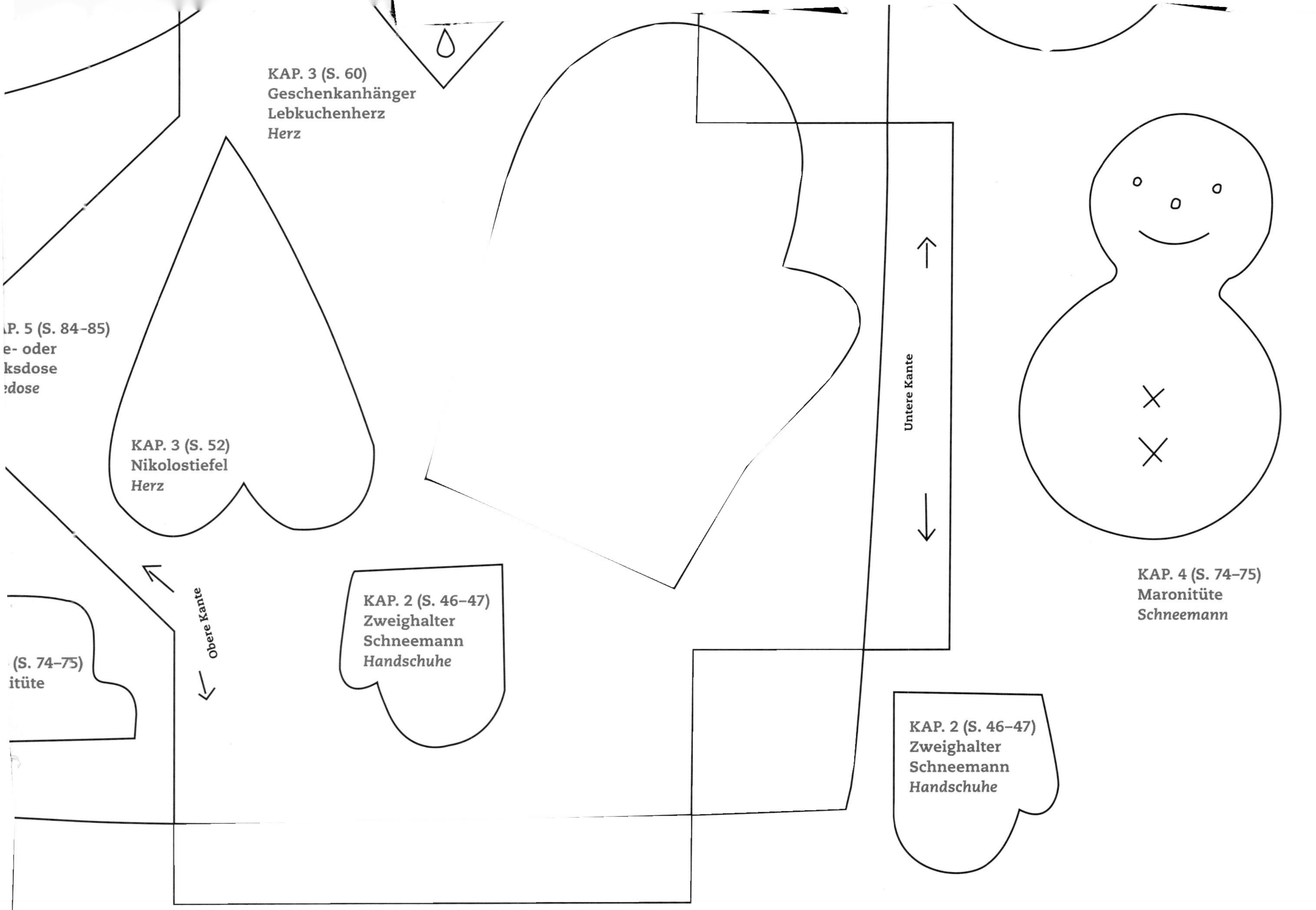
KAP. 3 (S. 60)
Geschenkanhänger
Lebkuchenherz
Herz
…P. 5 (S. 84–85)
…e- oder
…ksdose
…dose
KAP. 3 (S. 52)
Nikolostiefel
Herz
Obere Kante
KAP. 2 (S. 46–47)
Zweighalter
Schneemann
Handschuhe
… (S. 74–75)
…itüte
Untere Kante
KAP. 4 (S. 74–75)
Maronitüte
Schneemann
KAP. 2 (S. 46–47)
Zweighalter
Schneemann
Handschuhe

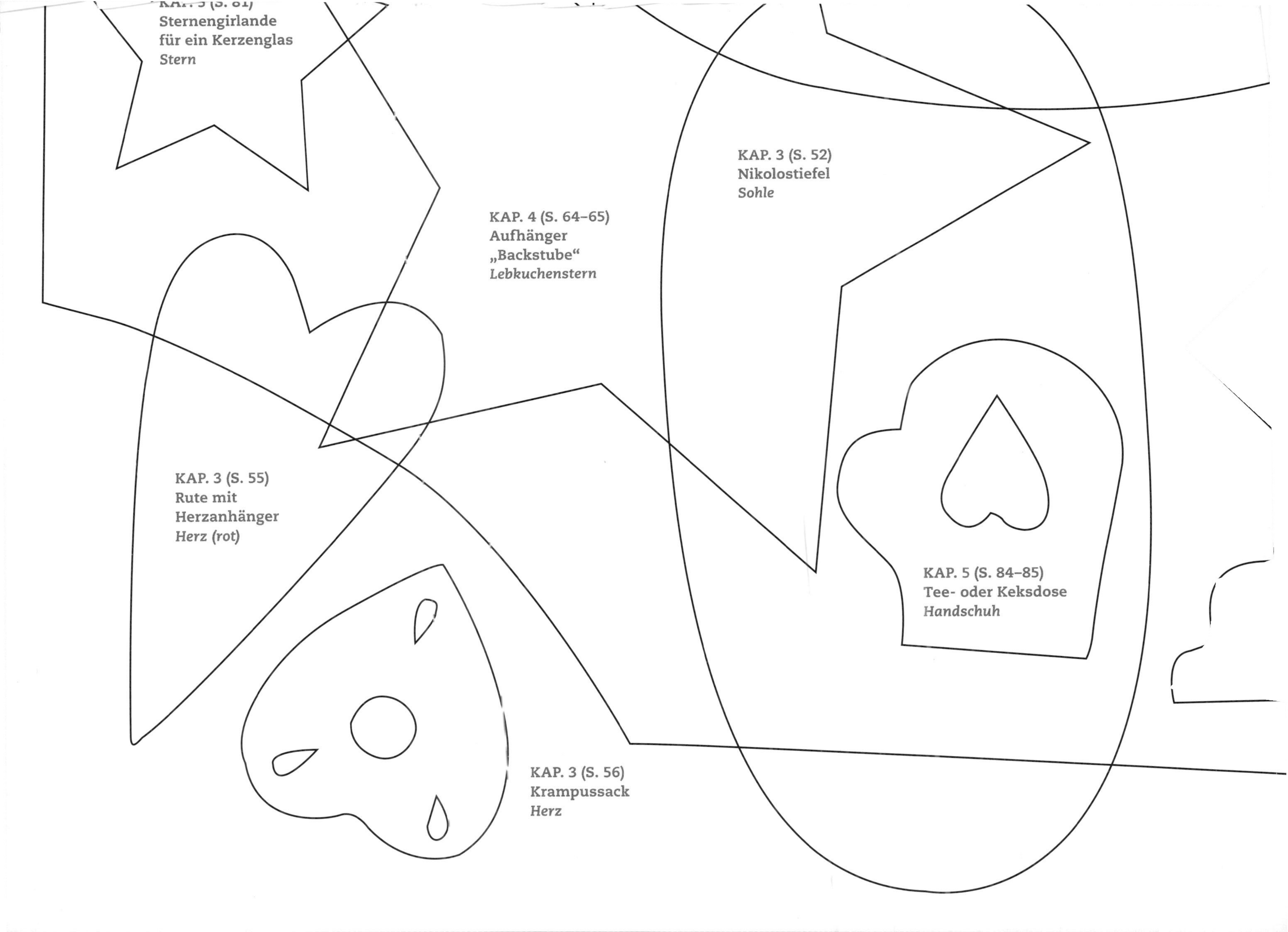
Sternengirlande
für ein Kerzenglas
Stern
KAP. 4 (S. 64–65)
Aufhänger
„Backstube“
Lebkuchenstern
KAP. 3 (S. 52)
Nikolostiefel
Sohle
KAP. 3 (S. 55)
Rute mit
Herzanhänger
Herz (rot)
KAP. 5 (S. 84–85)
Tee- oder Keksdose
Handschuh
KAP. 3 (S. 56)
Krampussack
Herz

KAP. 3 (S. 55)
Rute mit Herz-
anhänger
Herz (*rot-
kariert*)

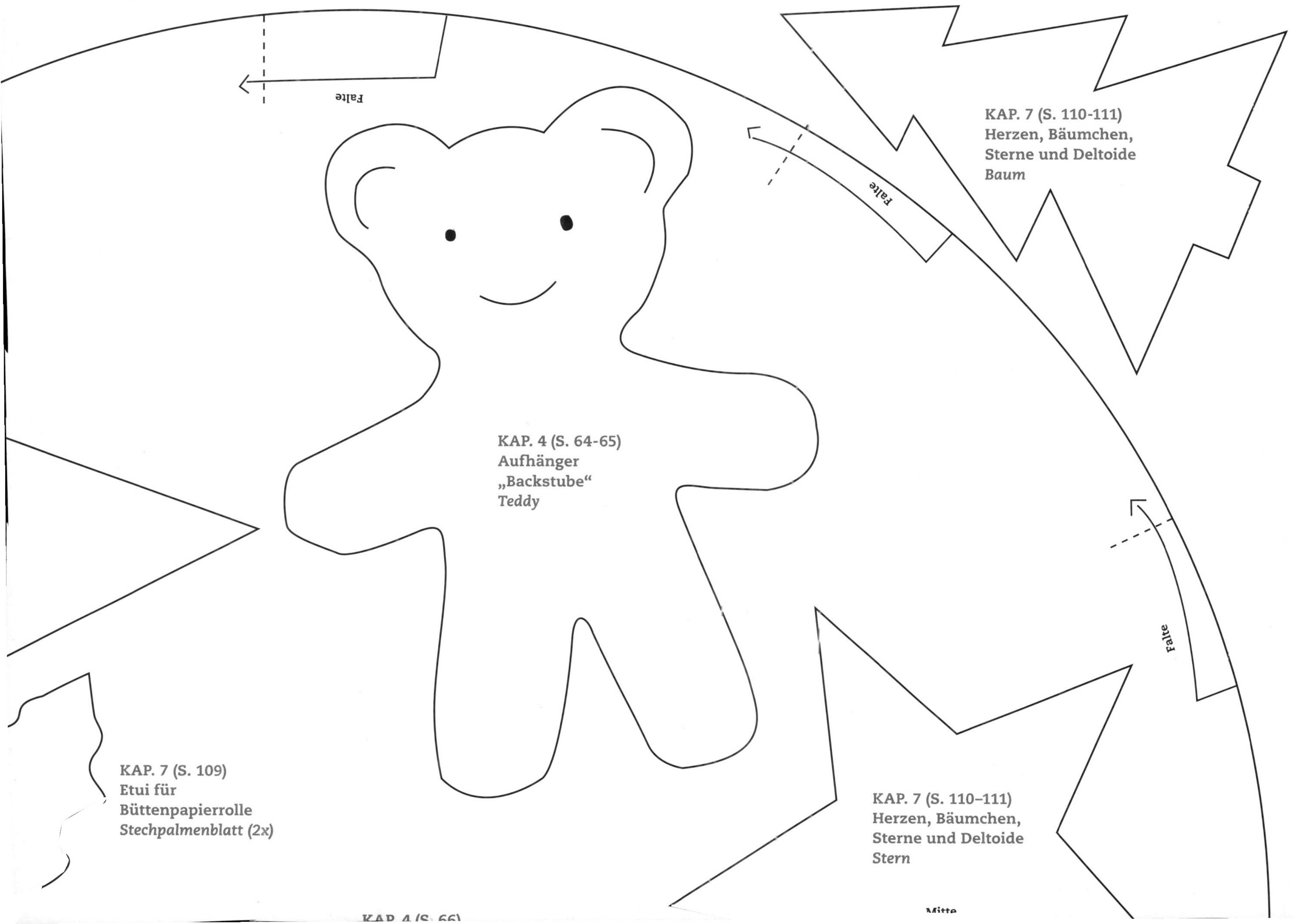
Falte
Falte
KAP. 7 (S. 110-111)
Herzen, Bäumchen,
Sterne und Deltoide
Baum
KAP. 4 (S. 64-65)
Aufhänger
„Backstube“
Teddy
Falte
KAP. 7 (S. 109)
Etui für
Büttenpapierrolle
Stechpalmenblatt (2x)
KAP. 7 (S. 110–111)
Herzen, Bäumchen,
Sterne und Deltoide
Stern

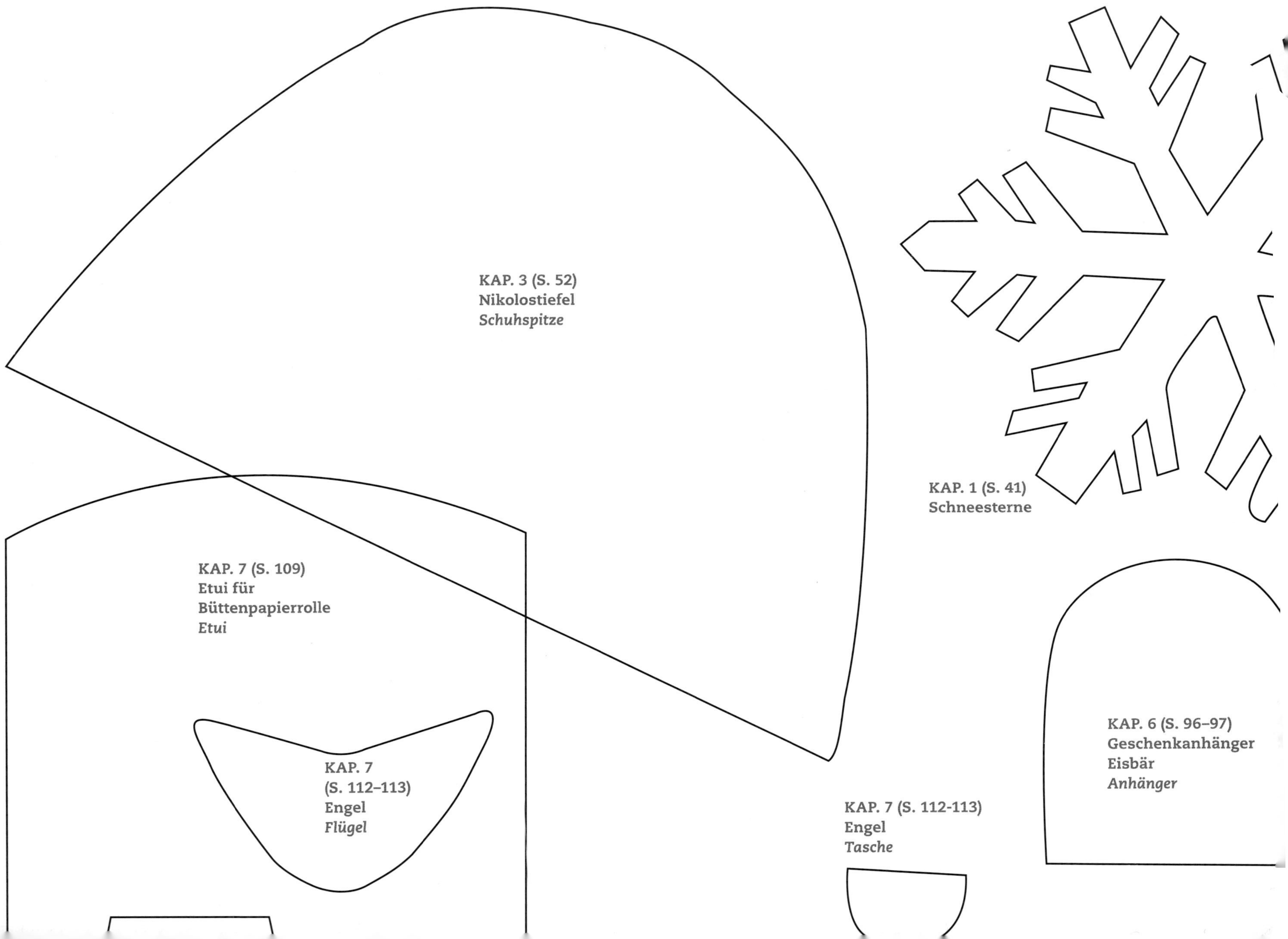
KAP. 3 (S. 52)
Nikolostiefel
Schuhspitze
KAP. 1 (S. 41)
Schneesterne
KAP. 7 (S. 109)
Etui für
Büttenpapierrolle
Etui
KAP. 7
(S. 112–113)
Engel
Flügel
KAP. 7 (S. 112-113)
Engel
Tasche
KAP. 6 (S. 96–97)
Geschenkanhänger
Eisbär
Anhänger

KAP. 1 (S. 41)
Schneesterne

KAP. 5 (S. 82–83)
Fotorahmen

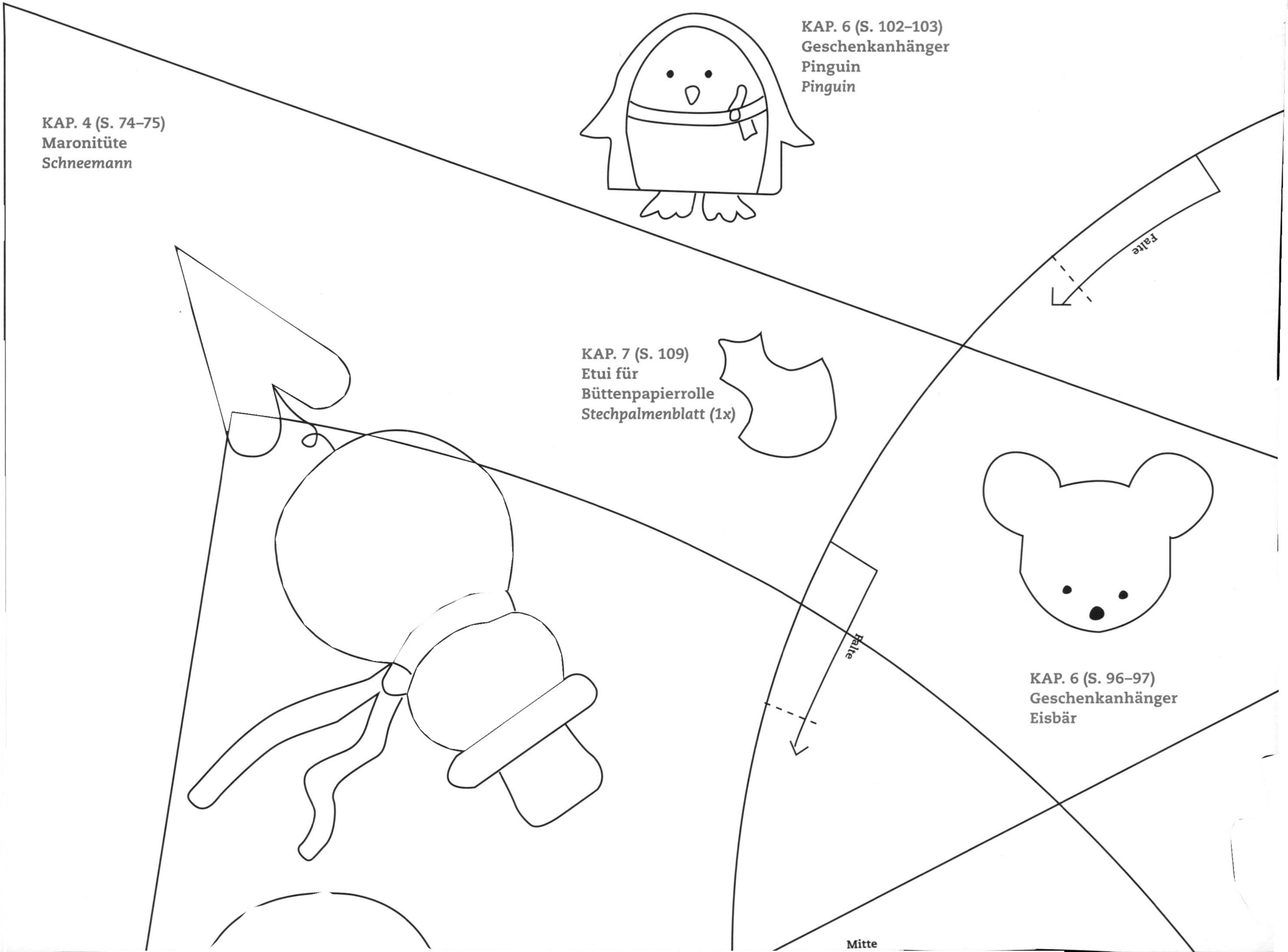
KAP. 4 (S. 74–75)
Maronitüte
Schneemann
KAP. 6 (S. 102–103)
Geschenkanhänger
Pinguin
Pinguin
KAP. 7 (S. 109)
Etui für
Büttenpapierrolle
Stechpalmenblatt (1x)
KAP. 6 (S. 96–97)
Geschenkanhänger
Eisbär
Falte
Falte
Mitte

KAP. 6 (S. 95)
Geldgeschenkkuvert
Herz

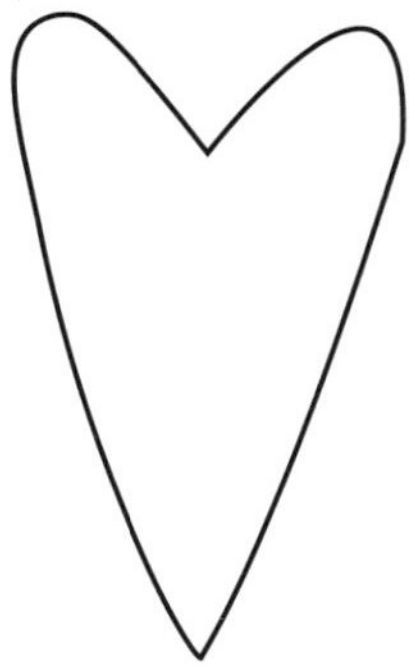

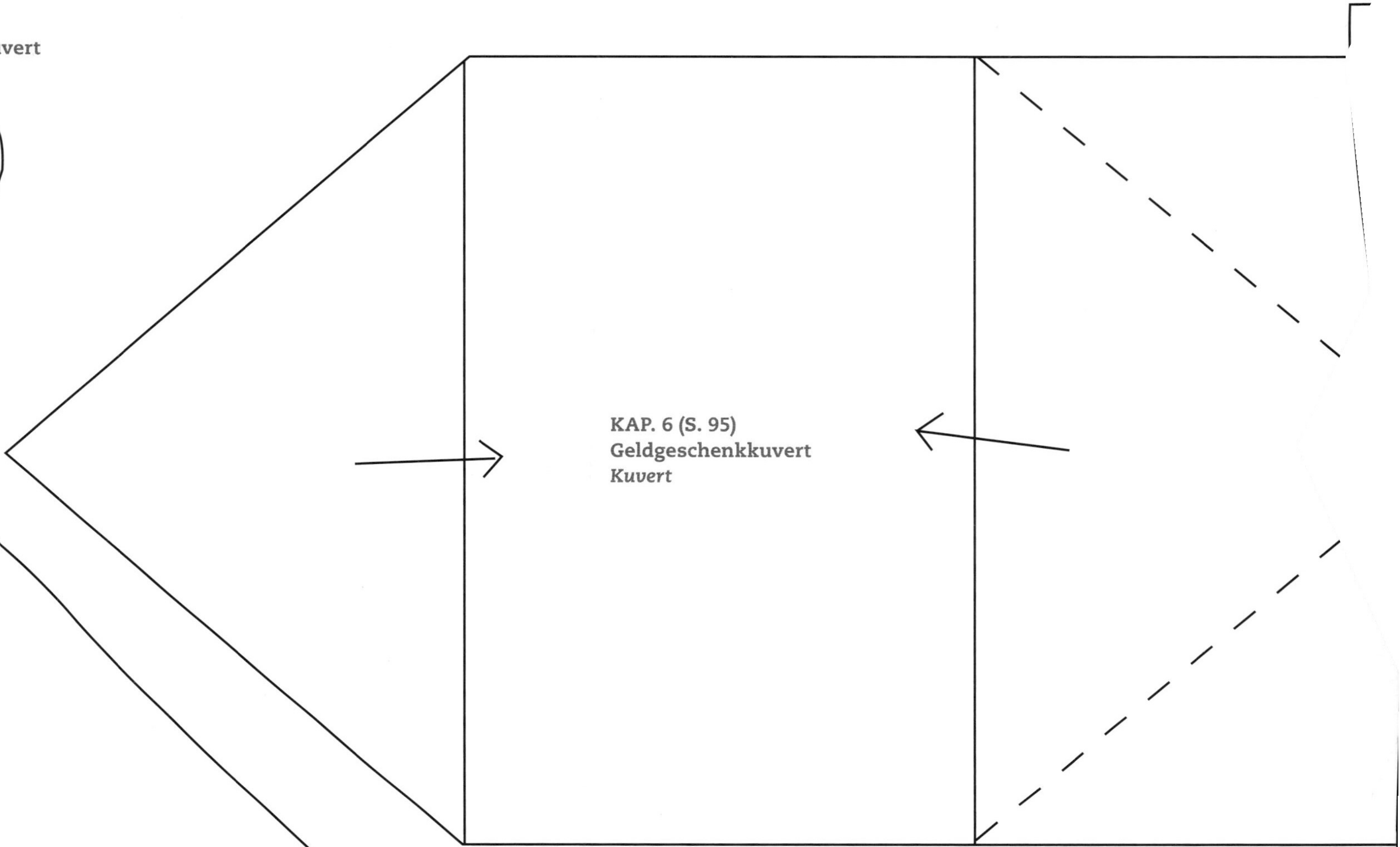

KAP. 6 (S. 95)
Geldgeschenkkuvert
Kuvert

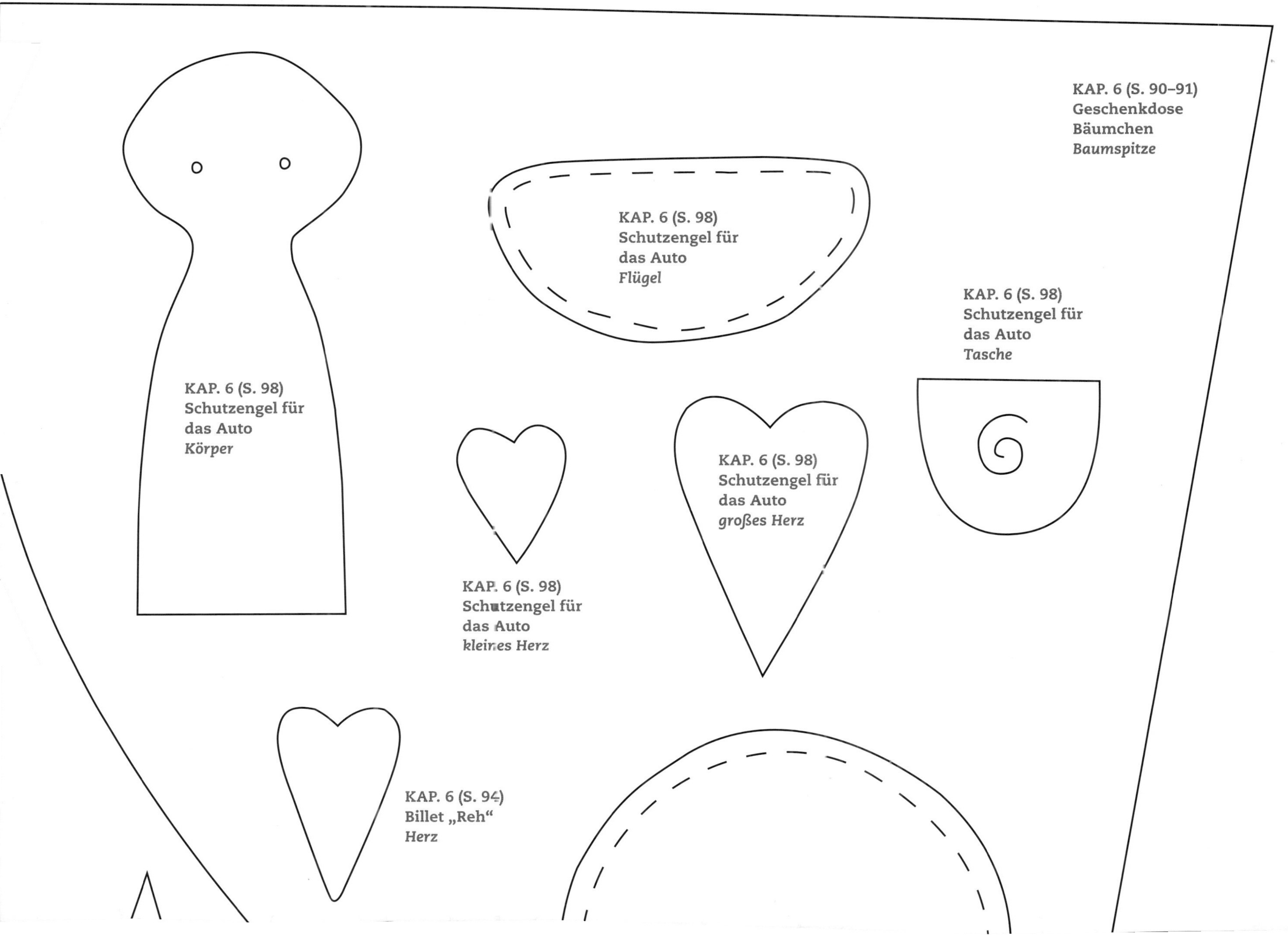
KAP. 6 (S. 90–91)
Geschenkdose
Bäumchen
Baumspitze
KAP. 6 (S. 98)
Schutzengel für
das Auto
Flügel
KAP. 6 (S. 98)
Schutzengel für
das Auto
Tasche
KAP. 6 (S. 98)
Schutzengel für
das Auto
Körper
KAP. 6 (S. 98)
Schutzengel für
das Auto
großes Herz
KAP. 6 (S. 98)
Schutzengel für
das Auto
kleines Herz
KAP. 6 (S. 94)
Billet „Reh“
Herz

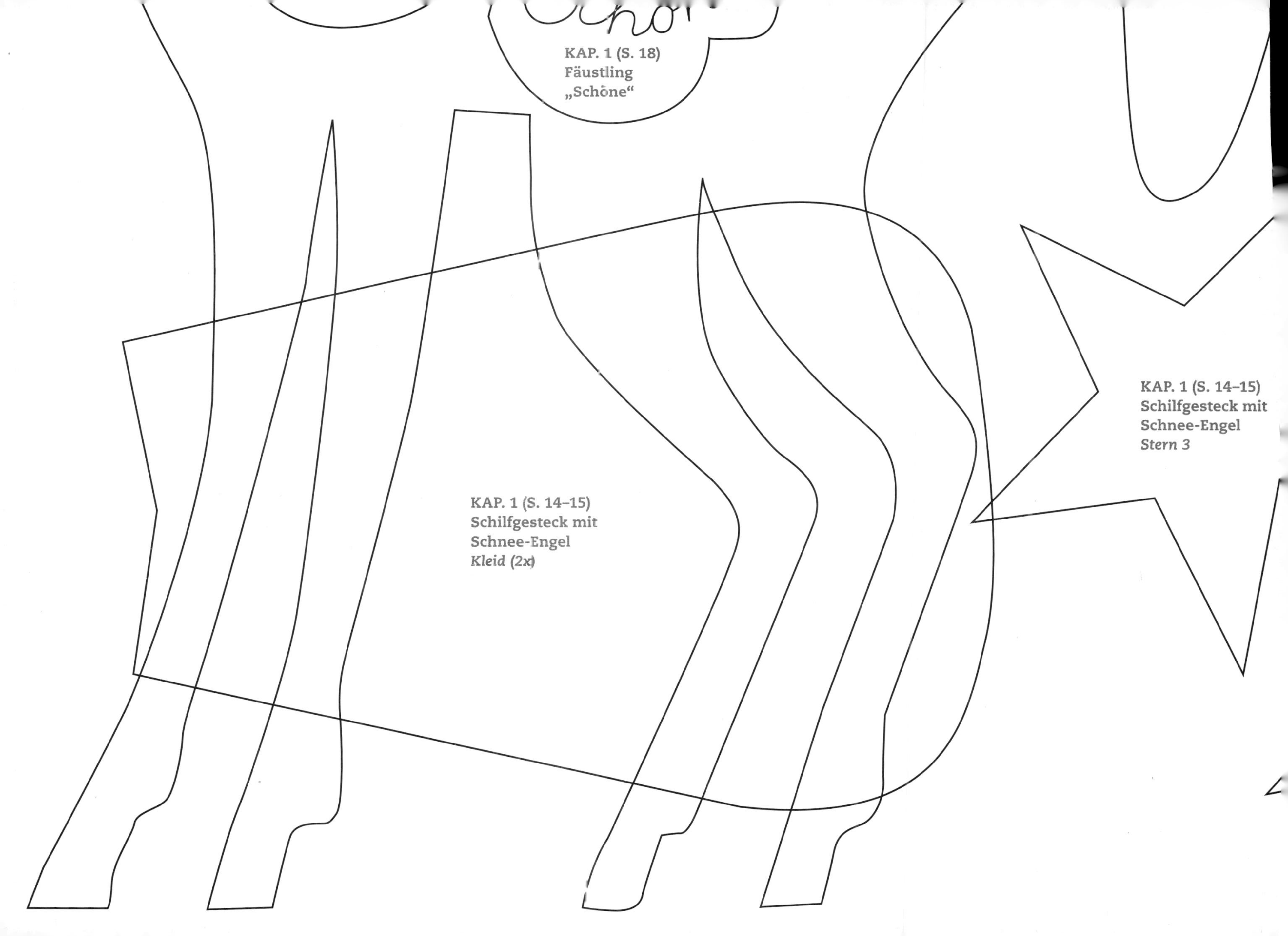
KAP. 1 (S. 18)
Fäustling
„Schöne“
KAP. 1 (S. 14–15)
Schilfgesteck mit
Schnee-Engel
Kleid (2x)
KAP. 1 (S. 14–15)
Schilfgesteck mit
Schnee-Engel
Stern 3

KAP. 1 (S. 36-37)
Kantenhocker-
Vogel
Schuhe

KAP. 2 (S. 44)
Vasenummantelung
mit Schneestern-
applikation
Applikation

ntkalender
äckchen
)

KAP. 1 (S. 39)
Fensterbäumchen
(klein)
Schneemütze

KAP. 1 (S. 16–17)
Rehlein
KAP. 1 (S. 14–15)
Schilfgesteck mit
Schnee-Engel
Tasche
KAP. 1 (S. 14–15)
Schilfgesteck mit
Schnee-Engel
Stern 1
KAP. 1 (S. 14–15)
Schilfgesteck mit
Schnee-Engel
Flügel (2x)
Fäustling ohne NZG
KAP. 1 (S. 18)
Fäustling
„Winterzeit“
Winterzeit
Fäustling ohne NZG

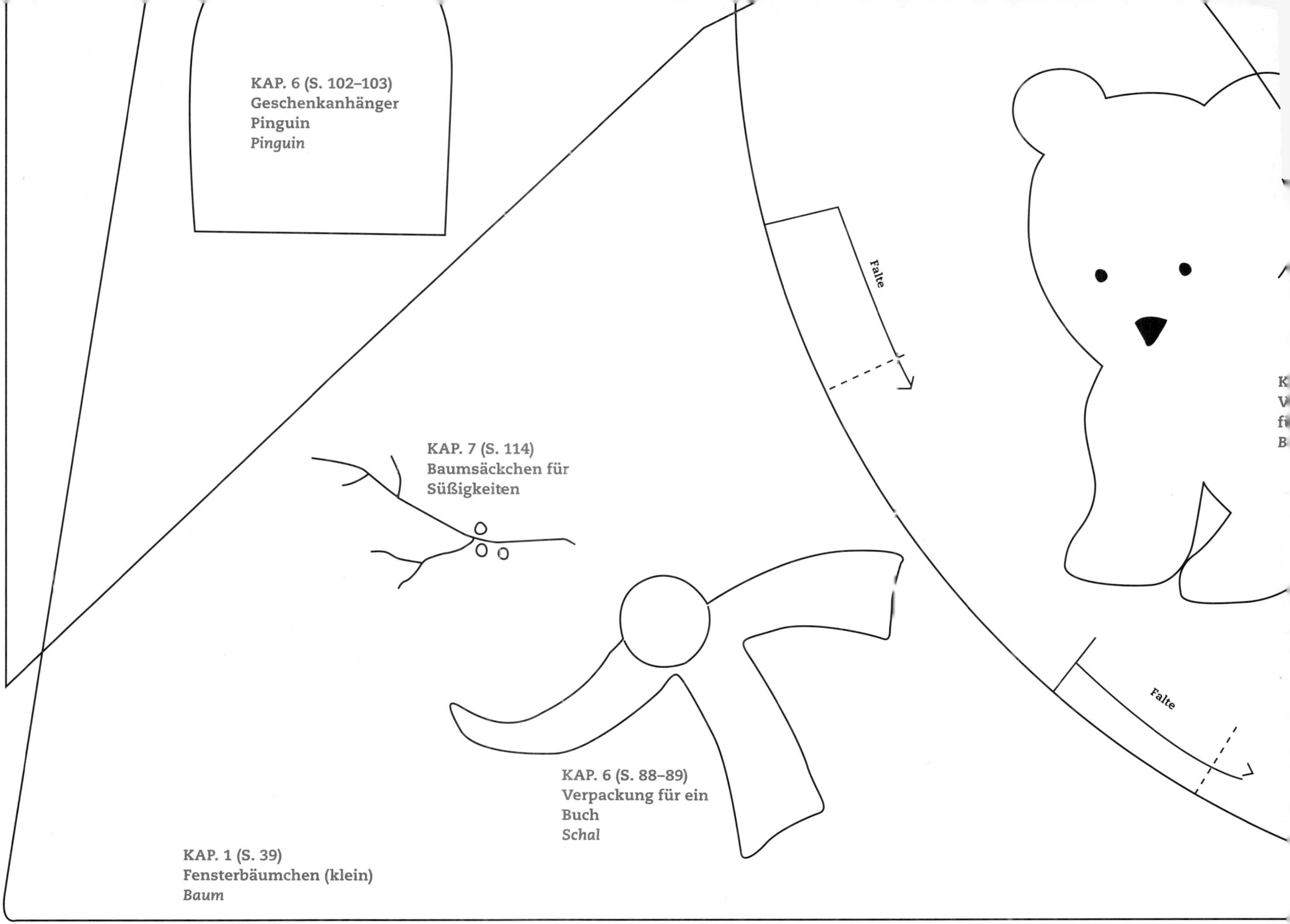
KAP. 6 (S. 102–103)
Geschenkanhänger
Pinguin
Pinguin
Falte
KAP. 7 (S. 114)
Baumsäckchen für
Süßigkeiten
Falte
KAP. 6 (S. 88–89)
Verpackung für ein
Buch
Schal
KAP. 1 (S. 39)
Fensterbäumchen (klein)
Baum

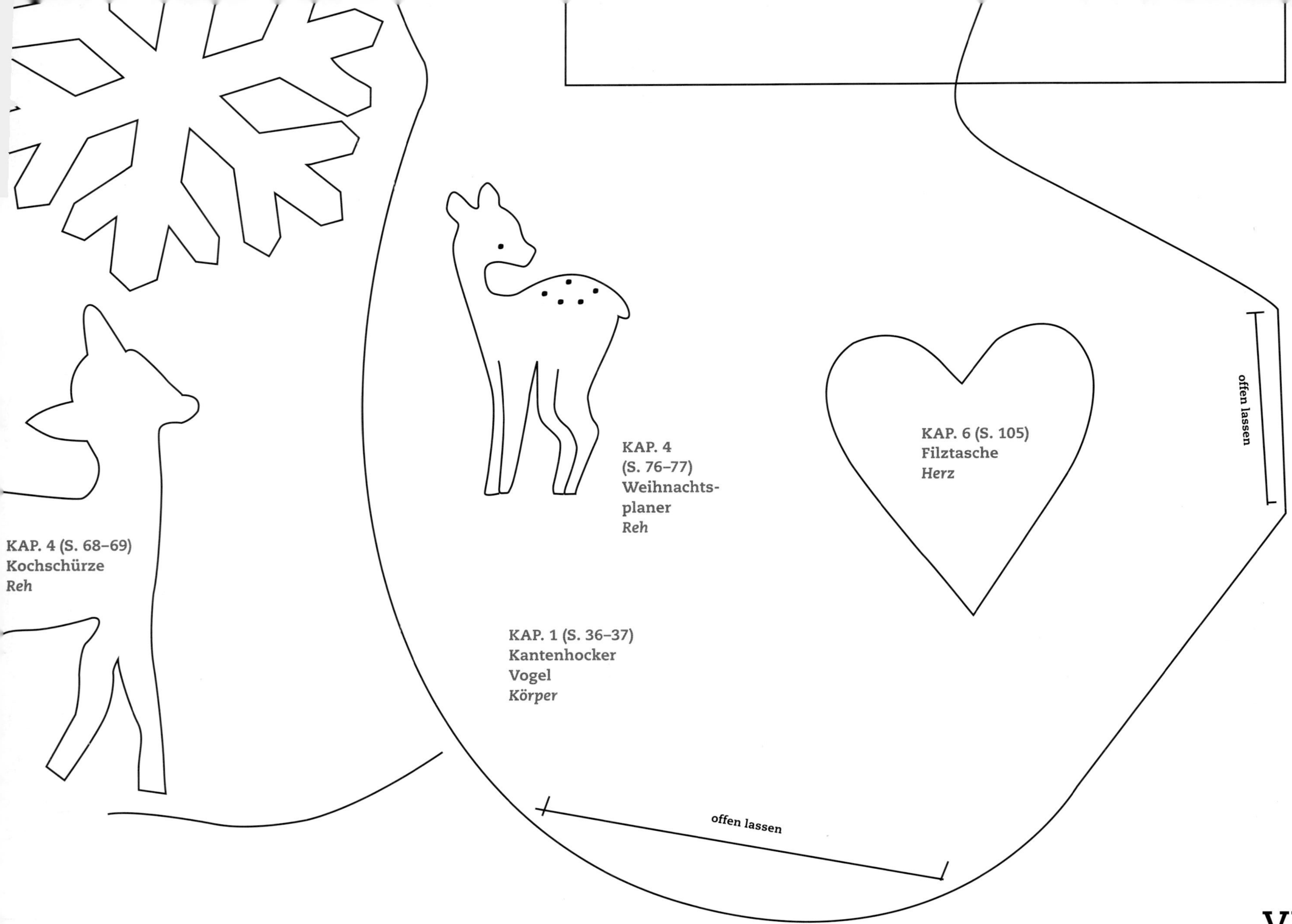
KAP. 4 (S. 68–69)
Kochschürze
Reh
KAP. 4
(S. 76–77)
Weihnachts-
planer
Reh
KAP. 6 (S. 105)
Filztasche
Herz
offen lassen
KAP. 1 (S. 36–37)
Kantenhocker
Vogel
Körper
offen lassen

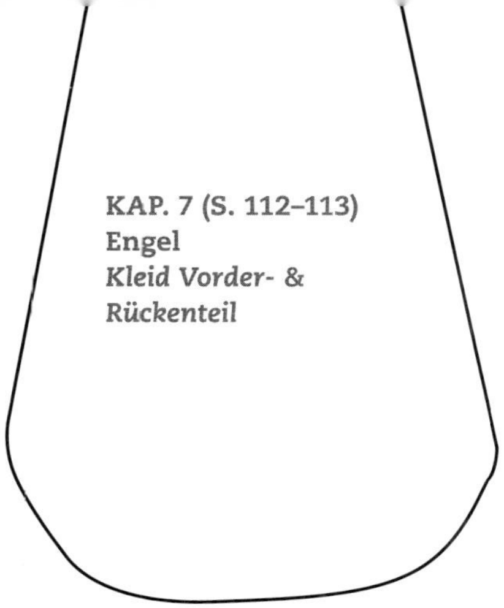

KAP. 7 (S. 112–113)
Engel
Kleid Vorder- &
Rückenteil

KAP. 7 (S. 112–113)
Engel
Engelkörper

KAP. 7 (S. 109)
Etui für Büttenpapierrolle – Schriftzug

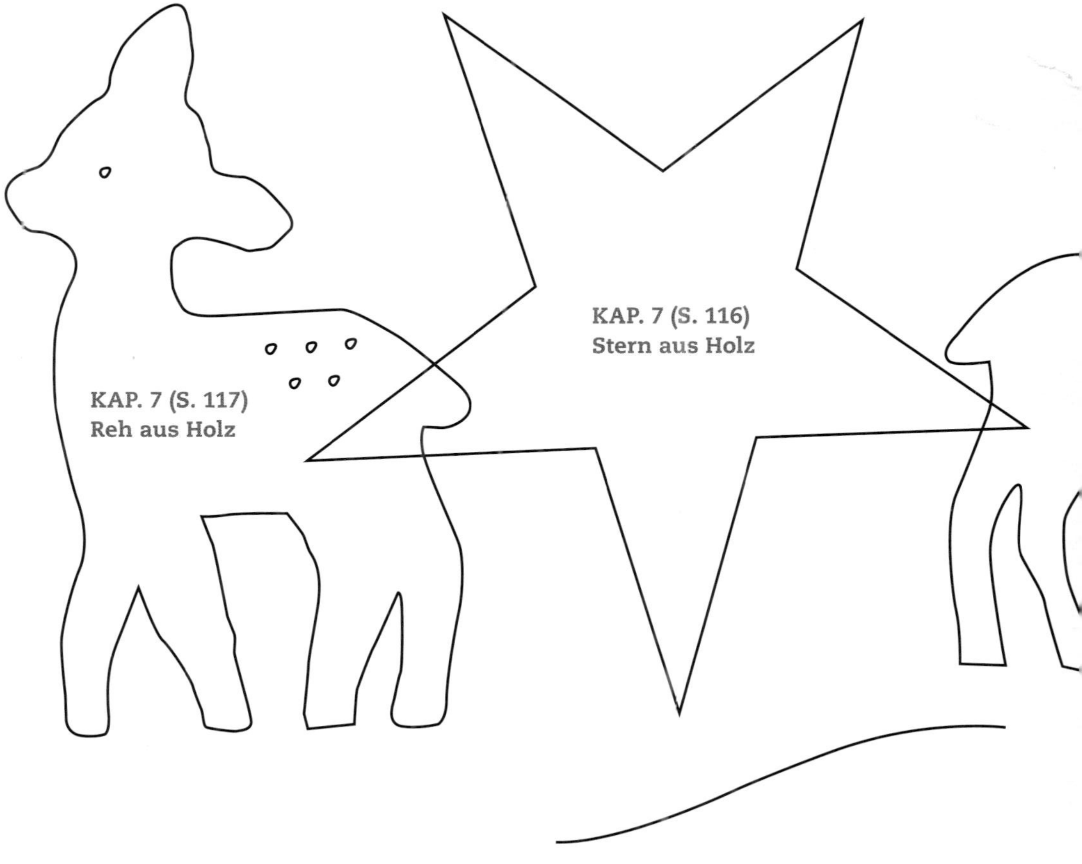

KAP. 7 (S. 117)
Reh aus Holz

KAP. 7 (S. 116)
Stern aus Holz

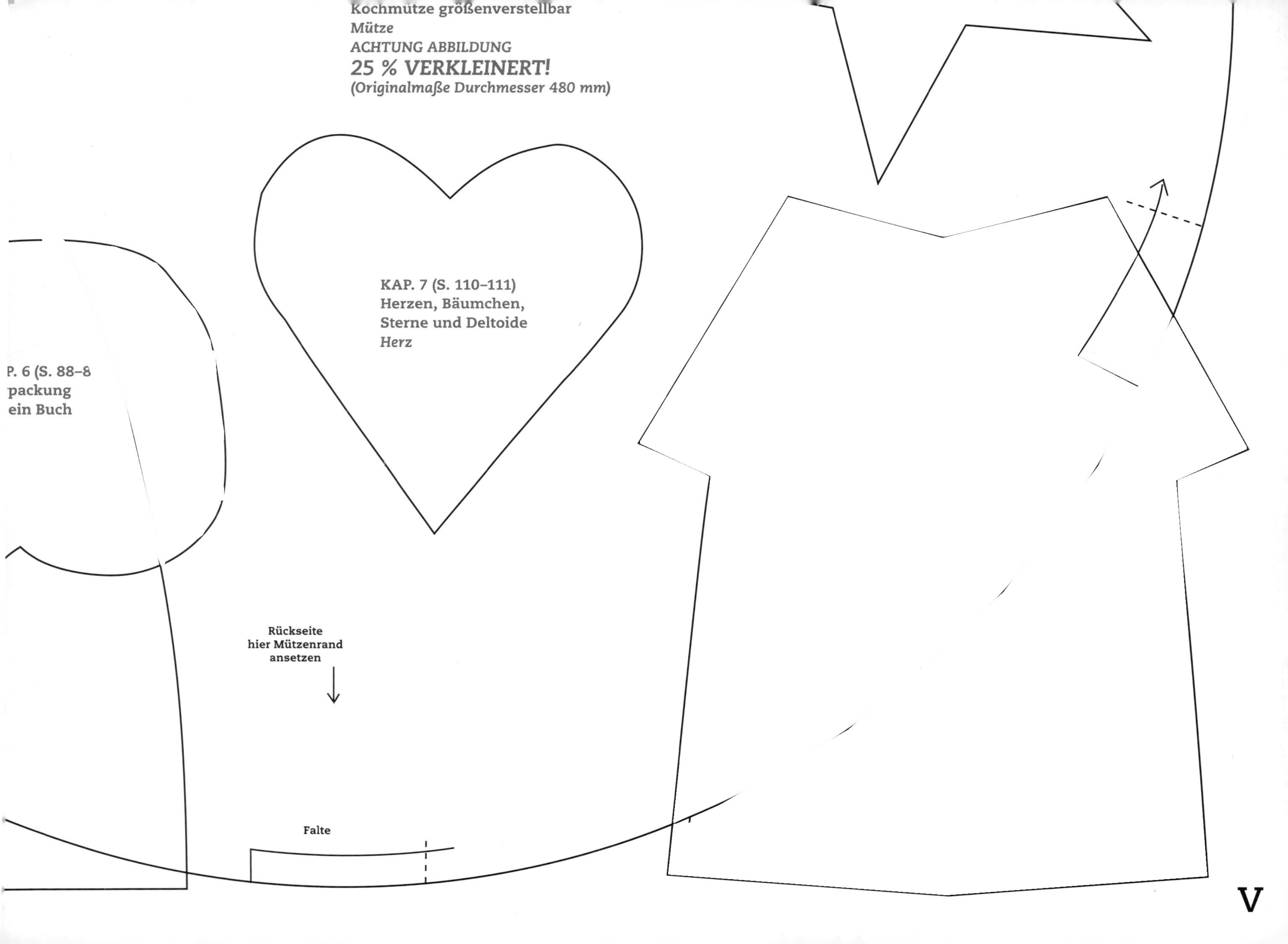
Kochmütze größenverstellbar
Mütze
ACHTUNG ABBILDUNG
25 % VERKLEINERT!
(Originalmaße Durchmesser 480 mm)
KAP. 7 (S. 110–111)
Herzen, Bäumchen,
Sterne und Deltoide
Herz
P. 6 (S. 88–8
packung
ein Buch
Rückseite
hier Mützenrand
ansetzen
Falte
V

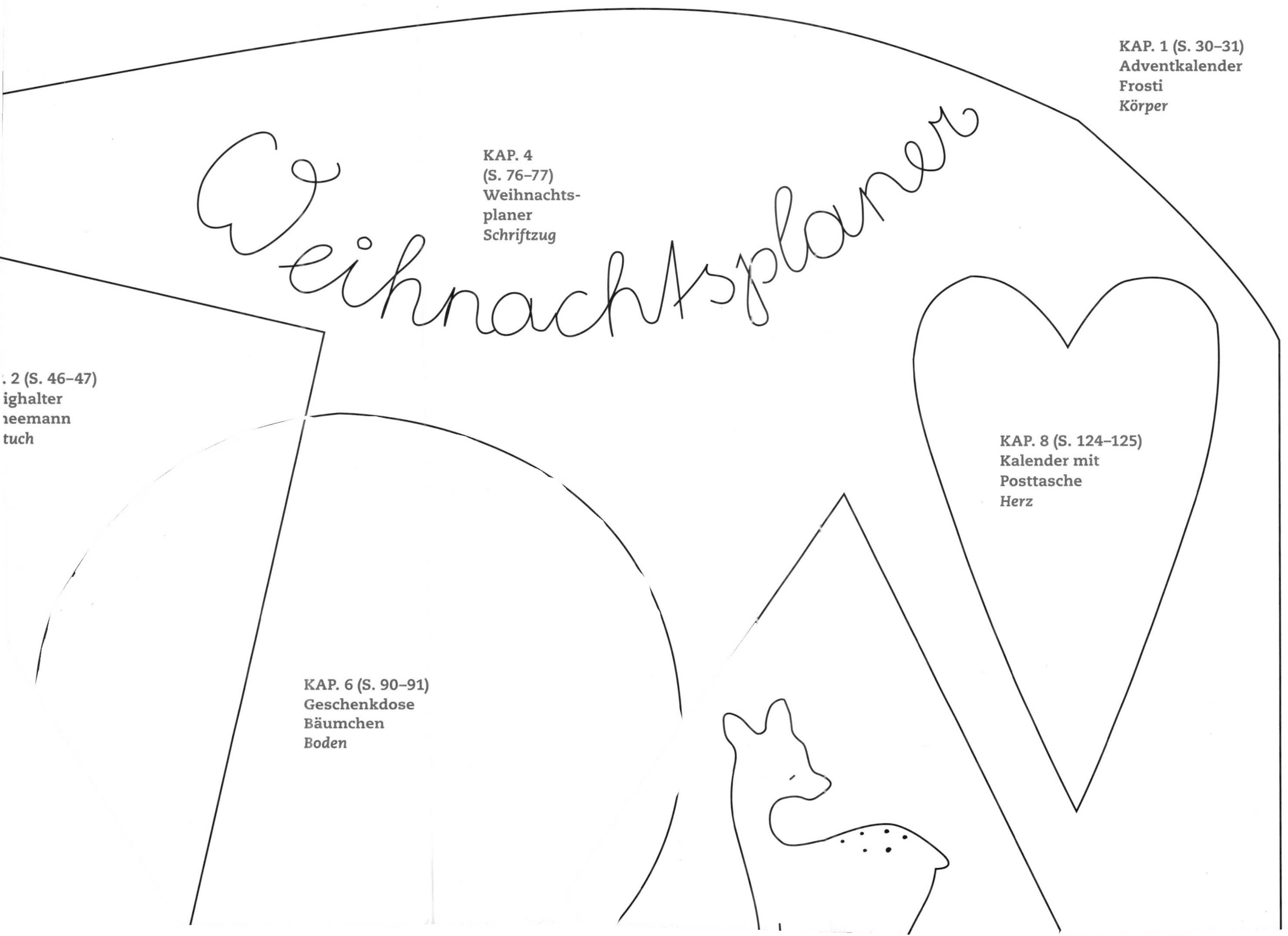
KAP. 1 (S. 30–31)
Adventkalender
Frosti
Körper
Weihnachtsplaner
KAP. 4
(S. 76–77)
Weihnachts-
planer
Schriftzug
. 2 (S. 46–47)
ighalter
ıeemann
tuch
KAP. 8 (S. 124–125)
Kalender mit
Posttasche
Herz
KAP. 6 (S. 90–91)
Geschenkdose
Bäumchen
Boden

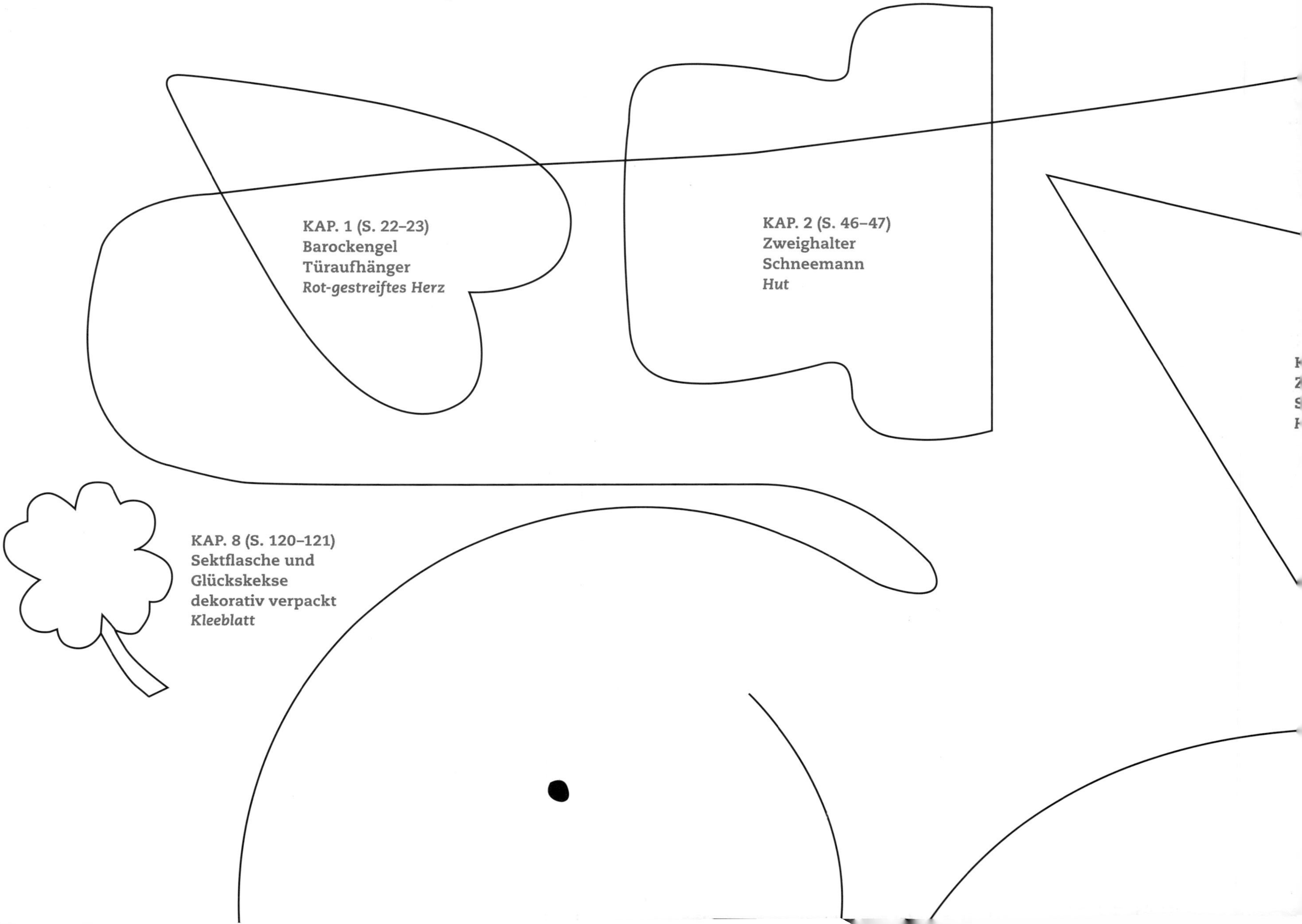
KAP. 1 (S. 22–23)
Barockengel
Türaufhänger
Rot-gestreiftes Herz
KAP. 2 (S. 46–47)
Zweighalter
Schneemann
Hut
KAP. 8 (S. 120–121)
Sektflasche und
Glückskekse
dekorativ verpackt
Kleeblatt

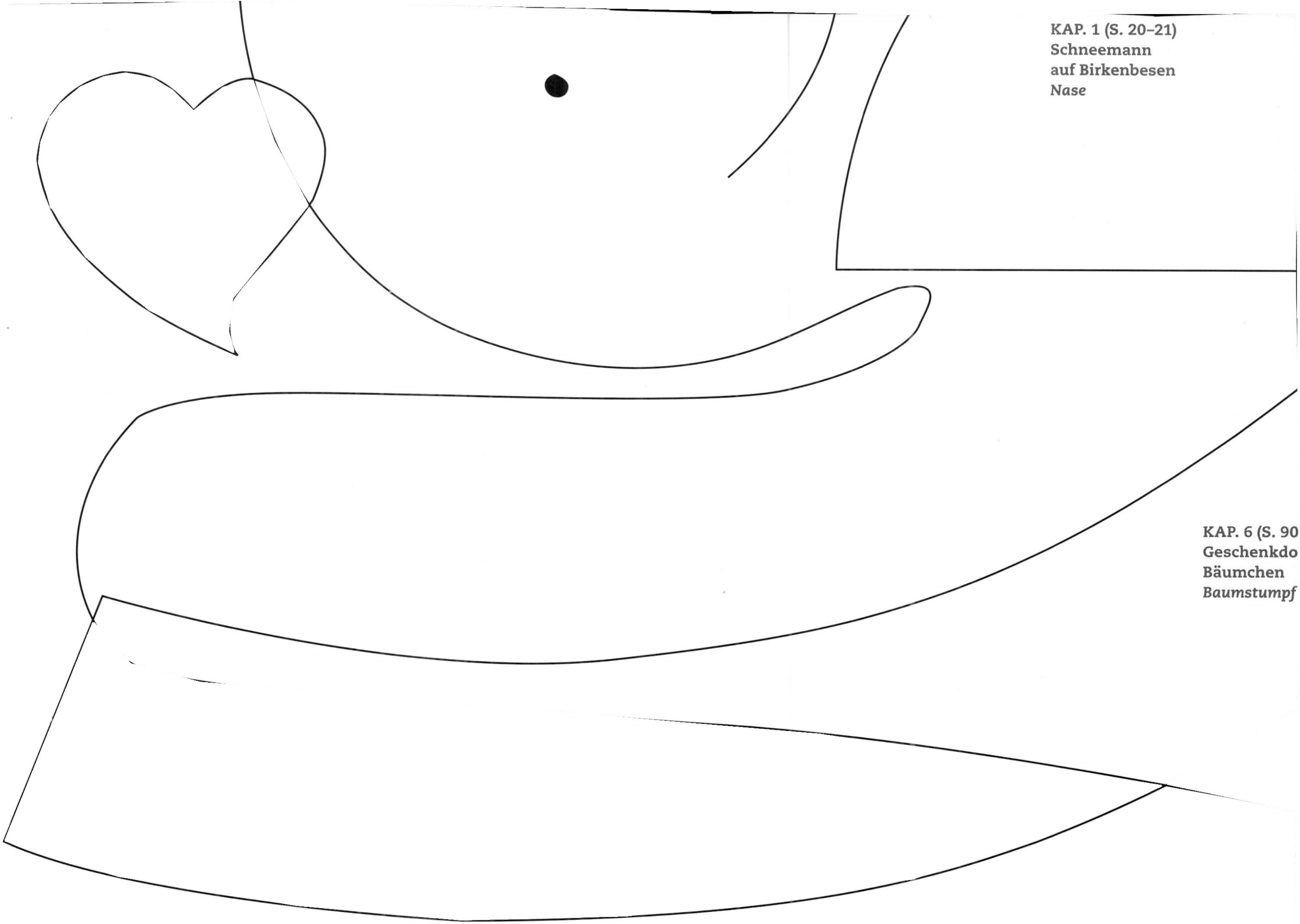

KAP. 1 (S. 20–21)
Schneemann
auf Birkenbesen
Nase

KAP. 6 (S. 90
Geschenkdo
Bäumchen
Baumstumpf

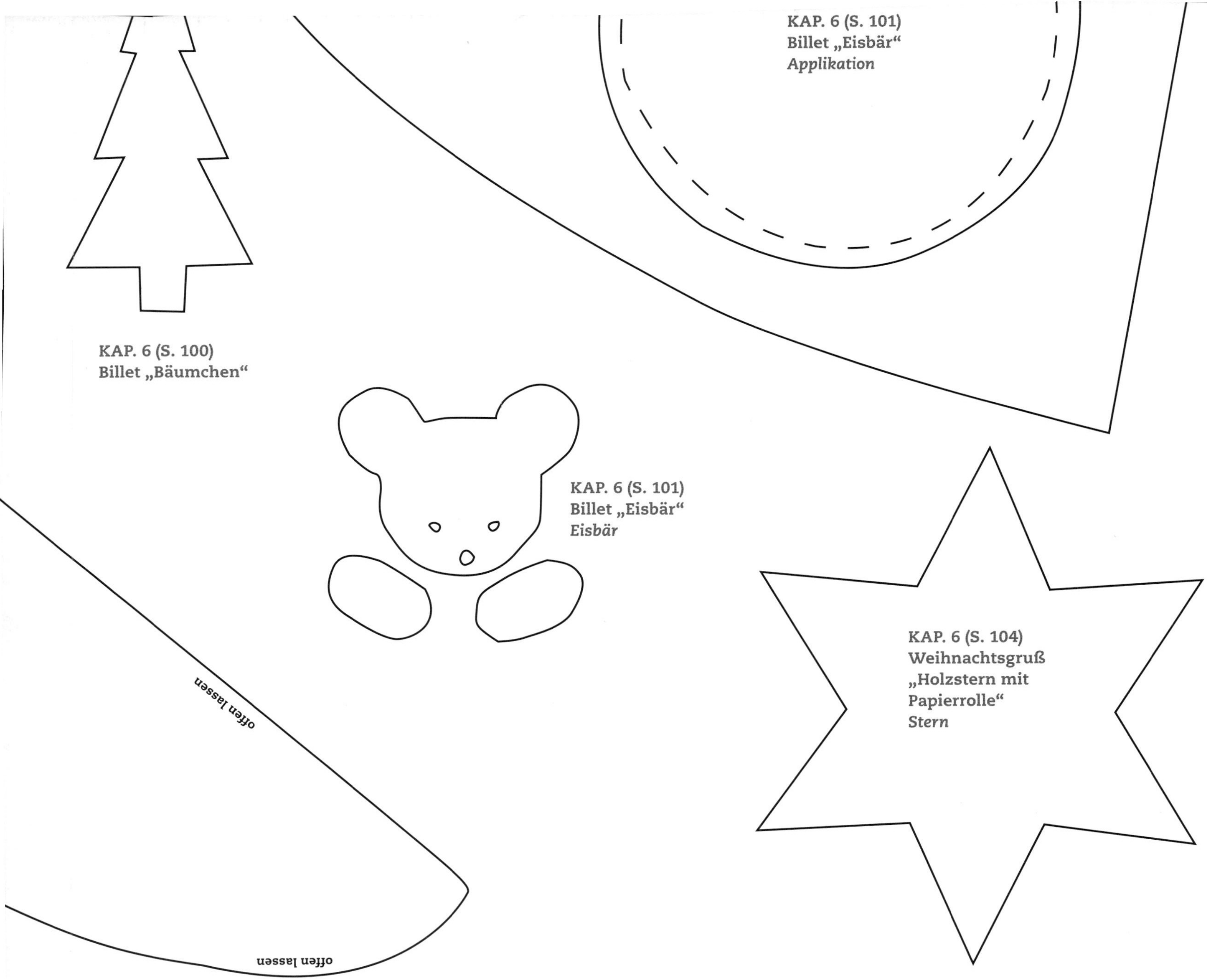
KAP. 6 (S. 101)
Billet „Eisbär“
Applikation
KAP. 6 (S. 100)
Billet „Bäumchen“
KAP. 6 (S. 101)
Billet „Eisbär“
Eisbär
KAP. 6 (S. 104)
Weihnachtsgruß
„Holzstern mit
Papierrolle“
Stern
offen lassen
offen lassen

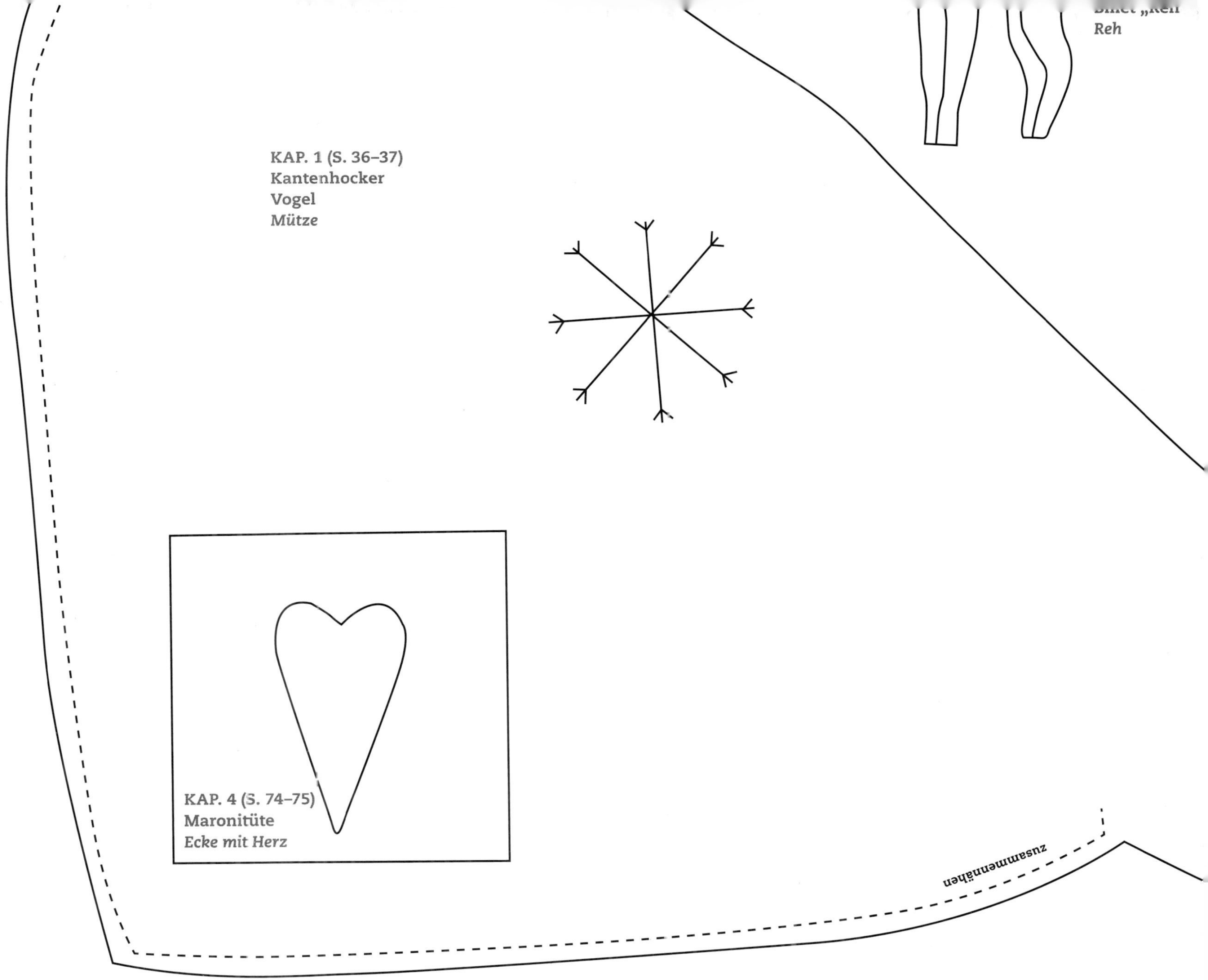

Reh
KAP. 1 (S. 36–37)
Kantenhocker
Vogel
Mütze
KAP. 4 (S. 74–75)
Maronitüte
Ecke mit Herz
zusammennähen

KAP. 6 (S. 90–91)
Geschenkdose
Bäumchen
Applikation
KAP. 8 (S. 124–125)
Kalender mit
Posttasche
Applikation „Viel Glück“
Viel Glück
KAP. 8 (S. 124)
Kalender mit
Posttasche.
Herz
KAP. 8 (S. 124–125)
Kalender mit
Posttasche
Stickvorlage
KAP. 8 (S. 122–123)
Schlüsselanhänger
Kleeblatt

KAP. 1 (S. 22-23)
Barockengel
Türaufhänger
beige-gestreiftes
Herz
KAP. 1 (S. 22–23)
Barockengel
Türaufhänger
Stern
KAP. 1 (S. 36–37)
Kantenhocker-
Vogel
Herz
KAP. 1 (S. 40)
Vogelgirlande
KAP. 1 (S. 30–31)
Adventkalender
Frosti
Nase
Adv
mit
(S. 3
12345

(S. 28–29)
Hänge-
ornamente
für Advent-
kranz
KAP. 7
(S. 110–111)
Deltoid
KAP. 1 (S. 24–25)
Winter-Bild
KAP. 1 (S. 14–15)
Schilfgesteck mit
Schnee-Engel
Stern 2
I

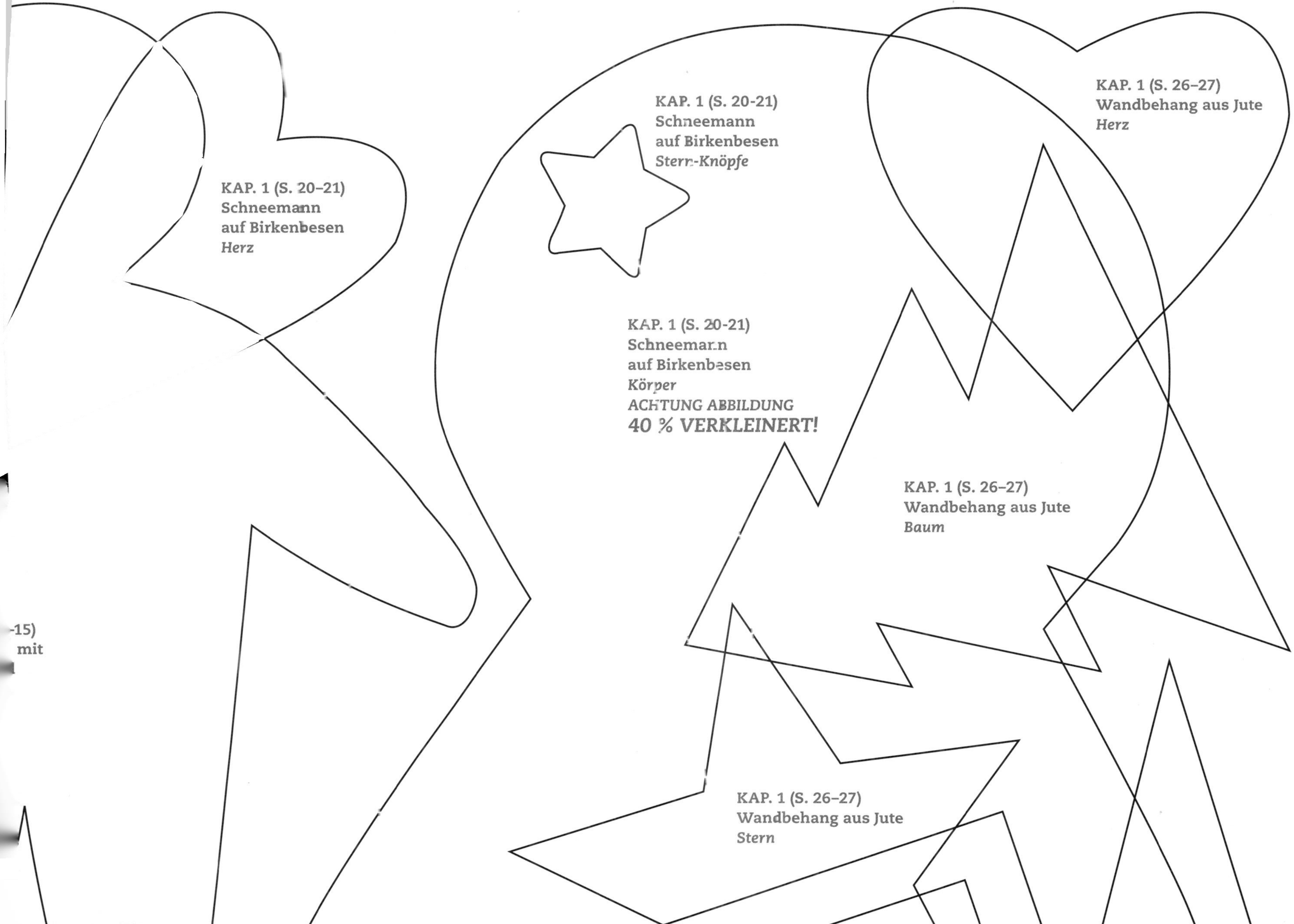
KAP. 1 (S. 20–21)
Schneemann
auf Birkenbesen
Herz
KAP. 1 (S. 20-21)
Schneemann
auf Birkenbesen
Stern-Knöpfe
KAP. 1 (S. 20-21)
Schneemann
auf Birkenbesen
Körper
ACHTUNG ABBILDUNG
40 % VERKLEINERT!
KAP. 1 (S. 26–27)
Wandbehang aus Jute
Herz
KAP. 1 (S. 26–27)
Wandbehang aus Jute
Baum
KAP. 1 (S. 26–27)
Wandbehang aus Jute
Stern
-15)
mit

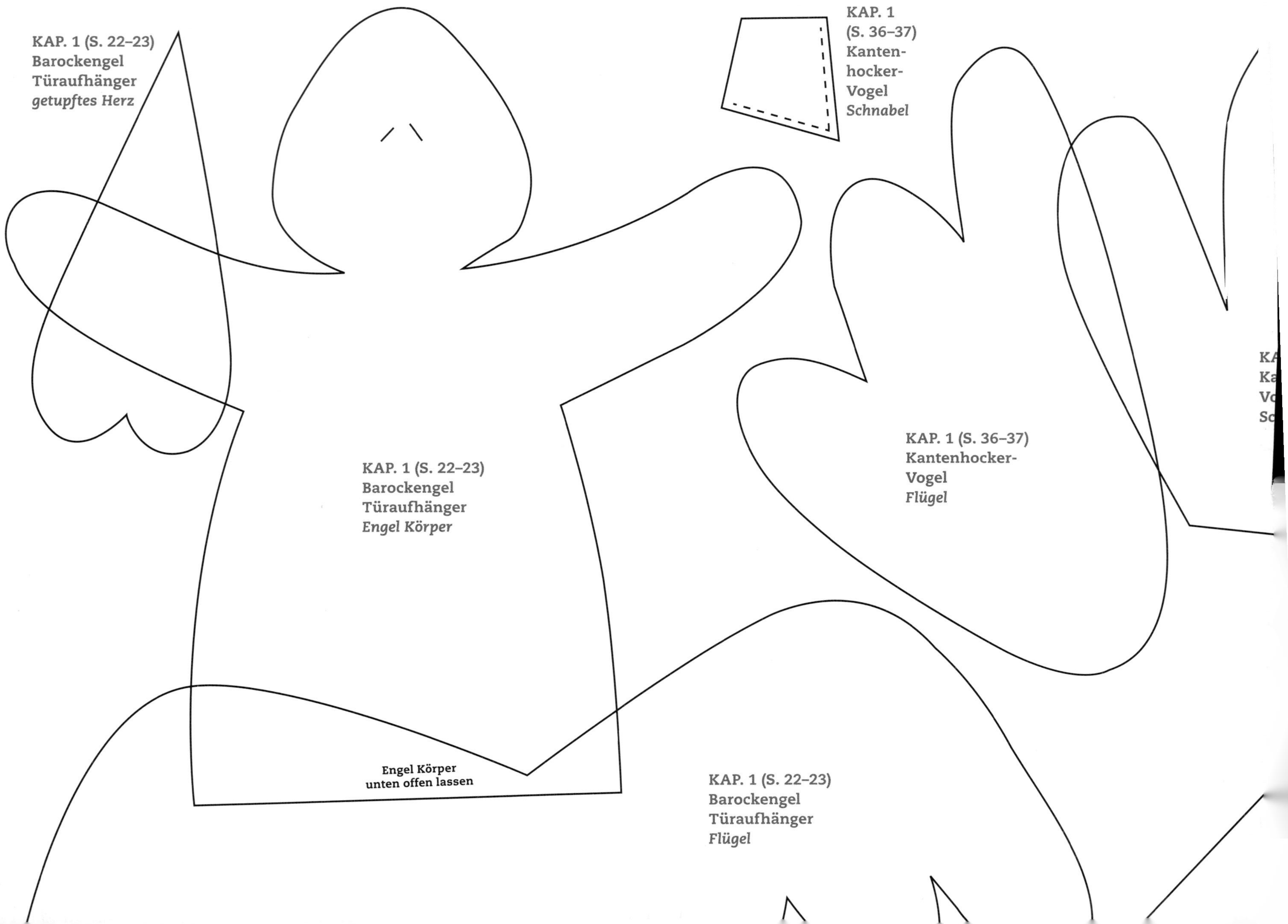
KAP. 1 (S. 22–23)
Barockengel
Türaufhänger
getupftes Herz
KAP. 1 (S. 22–23)
Barockengel
Türaufhänger
Engel Körper
Engel Körper
unten offen lassen
KAP. 1
(S. 36–37)
Kanten-
hocker-
Vogel
Schnabel
KAP. 1 (S. 36–37)
Kantenhocker-
Vogel
Flügel
KAP. 1 (S. 22–23)
Barockengel
Türaufhänger
Flügel

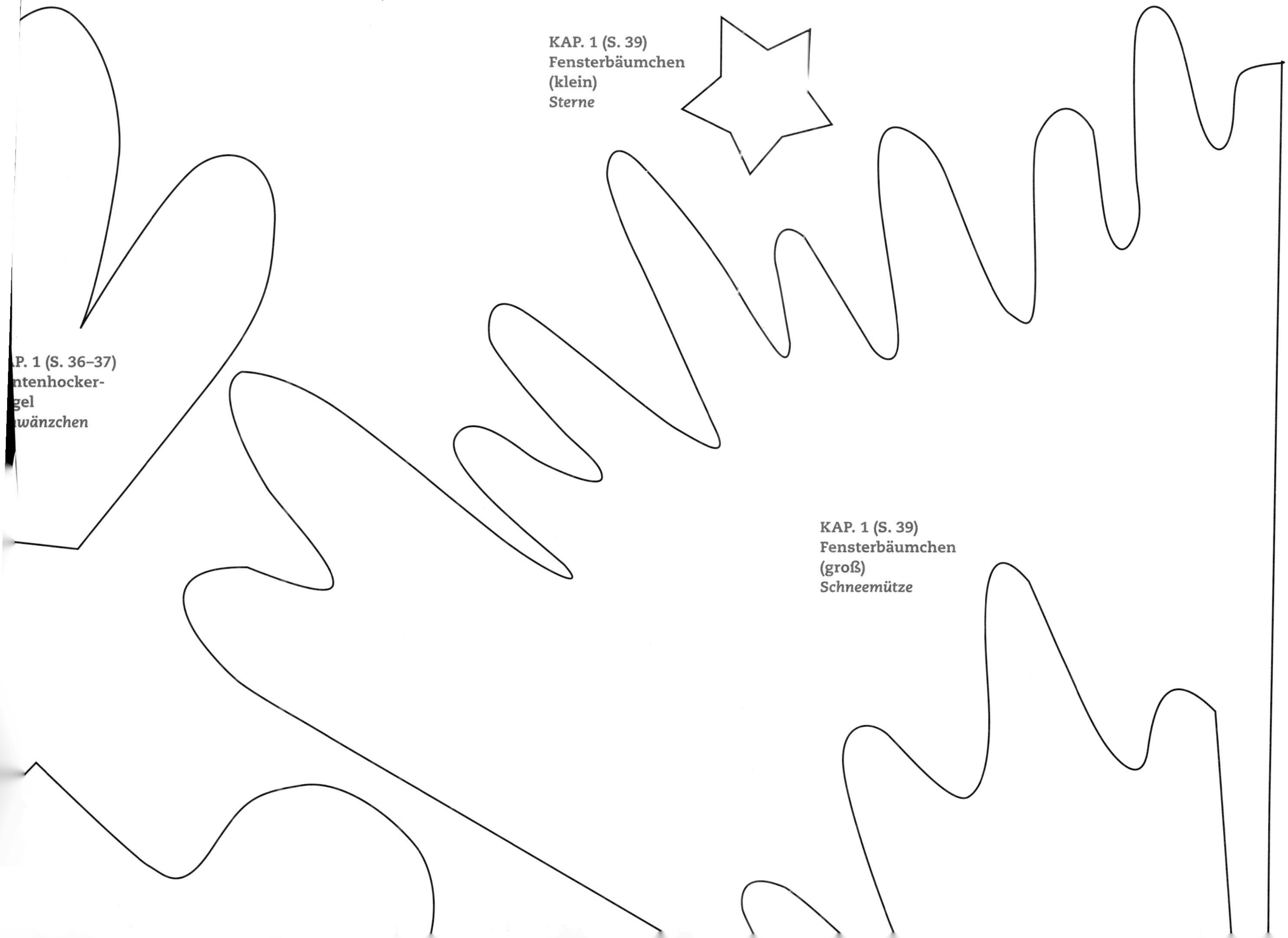
KAP. 1 (S. 39)
Fensterbäumchen
(klein)
Sterne
…P. 1 (S. 36–37)
…ntenhocker-
…gel
…wänzchen
KAP. 1 (S. 39)
Fensterbäumchen
(groß)
Schneemütze